MINISTÈRE

DE L'AGRICULTURE ET DU COMMERCE.

DES HABITATIONS

DES

CLASSES OUVRIÈRES.

Paris. — Typographie Dondey-Dupré, rue Saint-Louis, 46, au Marais

DES HABITATIONS

DES

CLASSES OUVRIÈRES

PAR

HENRY ROBERTS F. S. A.

Membre de l'Institut des Architectes anglais, Architecte honoraire de la Société d'Amélioration
du sort des Classes Ouvrières.

TRADUIT ET PUBLIÉ

PAR ORDRE

DU PRÉSIDENT DE LA RÉPUBLIQUE.

PARIS,

GIDE ET J. BAUDRY, ÉDITEURS,

RUE DES GRANDS-AUGUSTINS, 5.

1850

AVIS DU TRADUCTEUR.

Cet ouvrage s'adresse à tous les hommes de bien, à tous les amis du pays. Il leur est offert comme un signe de la sollicitude qui s'éveille vivement dans une autre contrée pour l'amélioration du sort des classes ouvrières, comme un exemple dont ils sauront s'inspirer.

Procurer aux ouvriers des campagnes et à ceux des villes des habitations bien éclairées, bien aérées, sèches et propres, tel est le premier problème à résoudre.

N'hésitons pas à dire qu'il y a longtemps qu'il serait résolu si chacun était bien convaincu qu'une fois ces conditions réalisées, on verrait disparaître une foule de causes de maladie, de misère, de désordre et d'abâtardissement.

Quel est le médecin qui ignore pourtant que le défaut de lumière, un air vicié, un milieu humide, un entourage sale sont autant de causes qui, séparées et à plus forte raison réunies, contribuent plus que toutes les autres à abréger la vie et à la rendre misérable, en affligeant ceux qui s'y exposent d'une foule d'infirmités personnelles ou héréditaires? Quel est le moraliste qui n'ait reconnu que l'âme humaine elle-même se dégrade sous l'influence prolongée de telles conditions? Quel est l'homme d'état qui n'ait gémi de voir les hôpitaux et les prisons encombrés des malheureux qu'elles engendrent?

Or, presque toujours pourtant il est facile d'obtenir pour les logements ruraux l'éclairage nécessaire. A l'égard des logements des villes, c'est une des circonstances les plus dignes de fixer l'attention des commissaires chargés par les municipalités de cette utile surveillance.

Le renouvellement régulier de l'air dans les habitations est un problème nouveau pour la science. Elle ne l'a jamais abordé. Mais, ne suffit-il pas de le poser pour qu'elle en donne bientôt une solution heureuse et pratique ?

Sous le rapport de l'humidité, l'assainissement des habitations laisse partout à désirer, même dans les maisons de la classe aisée. Portons donc vivement l'attention de nos jeunes architectes vers cet important sujet. C'est un grand titre que d'être jugé digne d'aller à Rome ; c'est un grand mérite quand on revient que d'en rapporter les plans de quelque palais destiné à faire l'ornement de nos cités ; mais, celui qui trouvera ou qui propagera l'art de chasser l'humidité qui rend malsaines un si grand nombre des habitations de nos ouvriers urbains ou ruraux, celui-là se sera acquis des droits à la reconnaissance du pays et se sera préparé une source de satisfaction inépuisable.

En attendant, que les hommes de bien, que les jeunes gens surtout apprennent aux ouvriers qui les entourent à mettre quelque prix à ces soins de propreté qui sont le premier pas fait dans la voie de ce progrès vers le bien.

Il serait si facile d'avoir dans chaque quartier les instruments nécessaires pour laver, éponger, blanchir une chambre ou un escalier, pour y coller du papier, pour y mastiquer les crevasses, pour y détruire les insectes! Leur acquisition, impossible pour chaque ouvrier, faite par une association bienfaisante, servirait à améliorer le sort de tous les ménages de son ressort, presque sans dépense aucune.

D'abord, ceux à qui on prêterait ces outils s'en serviraient mal ou médiocrement; mais, bientôt l'enseignement mutuel intervenant, chacun parviendrait à en tirer bon parti.

Dès à présent, tout cela est praticable ; il faut donc le pratiquer.

Quand notre population si bienveillante et si ingénieuse voudra se consacrer à de telles œuvres, elle en comprendra bientôt l'importance extrême, et leur bienfait se répandra avec rapidité dans tout le pays, pour le plus grand bonheur des classes laborieuses.

MÉMOIRE

SUR

LES HABITATIONS DES CLASSES OUVRIÈRES

PAR HENRI ROBERTS.

I. — Le sujet soumis en ce moment à l'examen de l'INSTITUT DES ARCHITECTES DE LA GRANDE-BRETAGNE est au nombre de ceux qui n'ont pas attiré spécialement jusqu'ici son attention, quoique mon ami M. Smirke l'ait incidemment indiqué dans le cours de la session dernière.

On a beaucoup parlé et écrit depuis quelque temps sur les habitations des classes ouvrières. Notre illustre patron le prince Albert nous a témoigné tout l'intérêt qu'il porte à cette question, et a publiquement annoncé « que les sentiments exprimés par lui étaient entièrement et très-chaleureusement partagés par Sa Majesté la Reine, » notre très-gracieuse patronesse. Il est cependant probable que peu de membres de l'Institut se sont spécialement occupés des détails que j'ai à vous faire connaître; et il y en a certainement encore moins qui aient été appelés par leur profession à exécuter un genre de travaux, qui n'offre en apparence qu'un champ très-limité à l'homme de science, et peu d'attraits à l'œil de l'artiste. C'était du moins mon sentiment, lorsqu'il y a six années environ, je fus appelé aux fonctions d'architecte honoraire de la Société fondée pour améliorer la condition des classes ouvrières, société dont nous allons, sur la partie qui nous occupe, exposer devant vous les opérations.

Plusieurs raisons, même en dehors de celles qui recommandent si fortement mon sujet aux philanthropes et aux économistes, semblent devoir lui mériter d'une manière toute spéciale l'examen de l'architecte. Un seul instant de réflexion rappelle que les plus beaux monuments ne s'élèvent que par les mains des classes ouvrières, dont l'habileté et l'industrie persévérante contribuent autant à la gloire de l'architecte que la valeur du soldat au triomphe du général.

Je suis donc assuré que cette question fixera l'attention des membres de l'Institut, bien qu'elle soit dépouillée des attraits qui s'attachent à tant de branches de notre profession. J'ai en même temps l'espoir d'intéresser ceux qui, en qualité d'entrepreneurs, mettent à exécution nos plans et nos dessins. Plusieurs, en effet, occupent un grand nombre de ces ouvriers, et peuvent, sans sacrifice d'argent, faire beaucoup pour assurer à ces hommes, dont le travail est une large source de bénéfice pour celui qui les emploie, des habitations susceptibles de leur procurer quelque bien-être et de contribuer à leur bonne santé et à leur moralité en assurant les mêmes avantages à leurs familles.

Il n'y a qu'une infime minorité parmi les ouvriers qui ait directement les moyens de se donner la jouissance d'une habitation. Nous le faisons remarquer à ceux qui, par leur position, sont à même de satisfaire à cette nécessité, et qui voudraient s'en occuper, sous la juste réserve d'un intérêt raisonnable sur les capitaux qu'il s'agirait d'y consacrer.

Je m'abstiendrai, en vous parlant des habitations des classes ouvrières, d'entrer dans le domaine de l'histoire et de l'antiquité. Je ne vous décrirai ni les caves ni les huttes qu'habitaient à une époque reculée de notre histoire des masses de travailleurs dans ce pays; pour établir des points de comparaison, je n'irai pas explorer les ruines classiques des autres contrées, et fouler avec vous quelque faubourg ignoré des restes exhumés de Pompéïa; enfin, je ne me livrerai à aucune recherche pour savoir, si les ouvriers sont mieux logés aujourd'hui qu'il y a deux siècles. Il me suffira de rapporter à ce sujet une remarque de M. Macaulay : « Quant à la grande masse du peuple, quant

» à ceux qui tenaient la charrue, qui dirigeaient les bœufs, qui s'é-
» puisaient aux métiers de Norwich, qui taillaient la pierre de Portland
» pour la cathédrale de Saint-Paul, on n'en peut pas dire grand chose;
» l'histoire était trop occupée près des cours et dans les camps pour
» perdre une ligne à décrire la hutte du paysan ou la mansarde de
» l'ouvrier des villes. »

II.—Je ne vous donnerai pas non plus de longs détails sur l'état actuel des logements qu'habite une grande partie de la classe des travailleurs (1). Mes observations, du reste, ne feraient que confirmer ce qui a été répété à satiété sur leur malheureuse et cruelle condition, produite par l'absence de tous les arrangements intérieurs, sources de bien-être et de tendances morales au sein de la famille, par le manque complet de ventilation, par l'insuffisance de l'eau et des conduits destinés à son écoulement; enfin, par un système d'agglomération qui ne serait pas toléré pour une basse-cour, une étable ou un chenil (2). Un seul exemple suffira. Il y a environ quatre ans,

(1) Dans « Une leçon sur l'insalubrité des villes, » publiée pas l'*Association de salubrité*, le vicomte Ebrington, membre du parlement, a décrit d'une manière claire et pleine de sentiment, les misères auxquelles une population trop agglomérée et mal logée se trouve exposée, et a produit en même temps des faits statistiques de la plus haute importance. Cette lecture ne peut manquer d'intéresser et d'instruire à la fois, même les personnes qui s'éloignent par nature de ce genre de recherches.

(2) Le rapport statistique suivant, résumé d'une visite de maisons dans la paroisse de Saint-George, Hanover-Square, fut fait en 1842, à la demande du comte actuel de Harrowby. On trouva dans ces maisons 1,465 familles d'ouvriers, possédant pour leur logement 2,174 chambres et 2,510 lits seulement. Voici quelle était la distribution de ces chambres et de ces lits.

LOGEMENTS.	NOMBRE DES FAMILLES.		
Une seule chambre pour chaque famille.	929	Un lit pour chaque famille..............	623
Deux chambres..... id.	408	Deux lits...... id.	638
Trois.............. id.	94	Trois.......... id.	154
Quatre........... id.	17	Quatre......... id.	21
Cinq............. id.	8	Cinq.......... id.	8
Six.............. id.	4	Six.......... id.	3
Sept............. id.	1	Sept.......... id.	1
Huit............. id.	1	Logements sans lit....................	7
Non vérifiés......................	3	Non vérifiés.......................	10
Total.........1,465		Total........... 1,465	

désireux de m'assurer par moi-même de cet état de choses, je visitai avec un de mes amis plusieurs maisons de Saint-Giles, juste dans le voisinage de la maison modèle de George-Street, que nous décrirons plus tard. Dans une de ces maisons nous trouvâmes une chambre d'environ 6^{m}70 de long sur 4^{m}80 de large, dont on touchait facilement le plafond de la main, et sans autre ventilation que celle produite par l'ouverture de quelques carreaux de vitre brisés. Cette chambre était la résidence habituelle de quarante à soixante créatures humaines, hommes, femmes, enfants, avec leurs chiens, chats, etc. Il est bien inutile d'ajouter à ce chiffre un seul détail; le récit en serait trop repoussant.

La mesure qui a été prise d'abattre et de dégager un grand nombre de logements occupés par les ouvriers pour faire place à des améliorations modernes, a beaucoup aggravé ces maux. C'est ainsi que la mise à exécution du bill de salubrité des villes lui-même aura de très-fâcheux effets pour le pauvre, si l'on n'érige de meilleures maisons, à mesure qu'on jette à bas les anciennes.

Si quelqu'un prétendait que ces remarques ne peuvent s'appliquer qu'à la paroisse de Saint-Giles, au centre d'une capitale, ou à Saffron-Hill, il suffirait de jeter un coup d'œil sur les rapports de la commission de salubrité des villes (1) ou sur les descriptions plus récentes insérées dans les colonnes du *Morning-Chronicle*, pour avoir des preuves abondantes que nos villes de province (2), nos villages, et même ces pittoresques *cottages* qui égaient tant le paysage de la Grande-Bretagne, ne forment point exception à la malheureuse condition des demeures occupées par nos ouvriers des villes ou des campagnes. Dernièrement, dans une ville de province, je visitai un *cottage*, entre trois que desservait un passage commun de 0^{m}75 de large. Dans un rez-de-chaussée de 3^{m}20 de long, sur 2^{m}40 de large et 2^m de haut,

(1) Ces rapports précieux sont un ample témoignage du zèle et de l'infatigable énergie avec lesquels M. Chadwick accomplit l'œuvre de bien à laquelle il s'est depuis si longtemps voué.

(2) M. Rawlinson, inspecteur du gouvernement près le Conseil général de salubrité, m'a assuré que dans son opinion, il n'y avait pas dans la Grande-Bretagne une ville de 4,000 âmes qui ne renfermât un spectacle semblable à celui dont je viens de faire la description, et dont j'ai été témoin oculaire.

avec grenier triangulaire formant le toit, logeaient, un mari, sa femme et cinq enfants. Je passe la description des dépendances extérieures communes à ces cottages. Ce n'est cependant encore là qu'une faible esquisse de la misère que l'Angleterre, avec sa civilisation tant vantée, ses mœurs polies et sa richesse, cache dans les demeures de ses habitants.

Ces logements ne se composent quelquefois que d'une seule pièce, où se pressent plusieurs personnes; quelques-uns ont deux, trois ou quatre chambres, occupées chacune souvent par une famille nombreuse; dans d'autres enfin, la même pièce sert à plusieurs locataires et à leur famille, sans distinction d'âge ni de sexe.

Quelque profonds et étendus que soient ces maux, quelle qu'en soit la portée morale, physique, sociale et politique, nous avons cependant encore l'heureux espoir d'opérer, à l'aide du principe chrétien, uni à un esprit éclairé et bien dirigé de philanthropie, un aussi grand changement dans les demeures des classes ouvrières, que celui qui a été apporté dans la condition de nos prisons, grâce surtout aux persévérants efforts de l'illustre Howard. L'Angleterre (1), sûrement, ne peut pas longtemps souffrir le contraste qui existe entre le bien-être intérieur accordé à ceux qui ont perdu la liberté en expiation de leurs crimes, et les misérables demeures de notre population ouvrière qui, trop souvent, est tentée d'en échanger le séjour pour la taverne (2), ou le

(1) Les nombreuses demandes des plans d'habitations modèles et d'autres renseignements qui sont continuellement adressés à la Société d'amélioration du sort des classes ouvrières des différentes parties du pays, prouvent suffisamment que son travail n'a point été inutile. On apprendra en outre, avec le plus grand plaisir, que nos voisins du continent, et nos frères de l'autre côté de l'Atlantique, mettent à profit notre exemple et notre expérience, en exécutant ces mêmes plans, avec les modifications que doivent naturellement entraîner des habitudes propres à chaque peuple.

(2) Si l'on tenait un compte exact de tout le mal qu'occasionne, aux classes ouvrières, l'attrait de ces lieux ; si l'on récapitulait les dépenses dont ils sont la cause, pour les hôpitaux, les maisons de refuge, les hospices de fous, la police, outre les frais de tout cet arsenal employé pour la prévention et la punition du crime, on arriverait à un total qui, indépendamment des considérations les plus importantes de morale et d'ordre social, laisserait bien en arrière, sans aucun doute, toutes les questions de revenu public ou d'intérêt privé. L'introduction dans la patente du monosyllabe *ne* avant les mots « *peut être bu sur place* », » inscription qui se retrouve sur toutes les tavernes,

palais du genièvre, ces deux grandes portes de la misère domestique et de la ruine morale.

III. — Les vues d'amélioration pratique pour les logements d'ouvriers que je désire exposer vous frapperont mieux, si je vous indique d'abord les principes généraux applicables dans les villes et les campagnes, avant de passer à ceux qui conviennent séparément à chacune de ces espèces d'habitations.

Les plus humbles demeures, soit à la ville, soit à la campagne, pour être saines, doivent avant tout, ne pas être humides, et jouir d'une bonne ventilation. La première de ces conditions s'obtient en faisant bien attention à l'emplacement du terrain, aux fondations de l'édifice, à l'écoulement des eaux et à la nature des matériaux de construction des murs extérieurs et du toit. Pour assurer la ventilation, il faut procurer une libre circulation à l'air, ménager à cet effet des ouvertures en nombre suffisant et de dimensions convenables, et réserver aux chambres une hauteur que je fixerai de 2^m20 à 2^m50 ; dans les villes, je le fixerais à 2^m75 d'un étage à l'autre. Le nombre et la capacité des appartements devraient être en rapport avec le nombre probable de personnes devant les occuper. Pour les familles, règle générale, il ne faut pas moins de trois pièces à lit, ayant chacune une entrée distincte et indépendante ; aucune autre disposition ne peut assurer une séparation convenable des sexes. La chambre commune ne devrait pas avoir moins de 43 à 45 mètres de superficie, et la chambre à coucher des parents devrait en mesurer au moins 30. Dans cette dernière, il est très-important qu'il y ait une cheminée, en cas de maladie. Dans chaque pièce, près du plafond, surtout dans les petites chambres des enfants où il n'y a pas de cheminée, il faudrait une ouverture pour servir d'issue à l'air vicié. Dans certains cas, il suffirait pour cela d'un tuyau passant à travers le toit et recourbé à son extrémité, ou d'une simple conduite d'air pratiquée dans le mur et s'ouvrant au dehors.

serait certainement un premier pas vers le bien. Récemment encore, on a eu la preuve évidente des dangers du système actuel ; à peine, en effet, une maison modèle était-elle habitée par quelques amis du bien, dans une paroisse de campagne, qu'une taverne venait s'établir juste en face.

On en est encore à trouver, il me semble, un système de ventilation, qui permette, sans dépense, de retirer l'air corrompu, et d'introduire une quantité égale d'air pur, sans cependant occasionner de courant dangereux. Mes essais, je dois le dire, ne sont pas favorables à l'emploi des soupapes de tout genre pratiquées aux cheminées dans le système ordinaire (1). Dans certains cas, elles réussissent parfaitement; dans d'autres, il est presque impossible d'empêcher la fumée d'en sortir. Je préférerais, quand c'est praticable, établir à une certaine hauteur un tuyau de ventilation indépendant, de 0^m22 sur 0^m10, ou même moins, accompagnant celui de la cheminée, ou en communication avec l'air extérieur, s'il n'y a pas de tuyau de cheminée pour l'appartement. Le ventilateur le plus simple et le plus économique que j'aie employé pour admettre l'air extérieur, consiste dans une ouverture pratiquée entre deux briques, munie d'une feuille de zinc trouée, environnée d'un cercle de fer, avec une plaque mobile et une crémaillère pour la fermer à volonté. Les ventilateurs de Guy et de Bailie sont bons aussi quand on les emploie à propos.

Le bien-être et la santé des hôtes de toute habitation sont vivement intéressés à l'établissement d'une antichambre ou d'une espèce de vestibule fermé, ainsi qu'à une bonne disposition des portes et des cheminées dans les pièces où l'on se tient. Il faut qu'il y ait dans l'appartement un coin au moins à l'abri de tout courant d'air. La difficulté qu'on trouve dans les bâtiments d'un rang inférieur à fermer hermétiquement les fenêtres fait désirer que les châssis ouvrent toujours à l'extérieur et qu'ils soient fixés par une ferrure solide. J'ai trouvé que le zinc était ce qu'il y avait de mieux à employer pour ces châssis;

(1) L'inconvénient auquel il est fait ici allusion dans l'emploi de ces soupapes, lorsqu'il ne provient ni de la trop grande dimension du tuyau de la cheminée à la gorge, ni de son trop peu de largeur à la sortie est reconnu par leur savant inventeur, le Dr Arnott; mais il l'attribue à un vice de main d'œuvre, ou à une mauvaise manière d'en faire usage. Des médecins éminents donnent de si forts témoignages en faveur de ce système, que j'énonce avec répugnance la difficulté pratique que j'ai rencontrée à son emploi, tout en reconnaissant qu'elle diminue en proportion de la hauteur à laquelle l'appareil est fixé au-dessus de l'ouverture de la cheminée. Dans les chambres basses, un résultat tout aussi efficace peut s'obtenir par le simple conduit pratiqué à travers le mur dont il est parlé ci-dessus.

si les carreaux en sont bien proportionnés et n'ont point trop de largeur, son usage diffère très-peu de celui du plomb.

IV. — Puisque je développe les principes généraux dont je recommanderais pécialement l'application pour les édifices des villes, il n'est point déplacé d'examiner les habitations construites par la Société d'amélioration du sort des classes ouvrières (1). Cette Société fut fondée en 1844, sous le patronage de Sa Majesté la Reine, avec son royal époux pour Président. Dirigé par les principes de philanthropie si puissamment mis en œuvre par son noble Président, lord Ashley, excité en outre par son exemple, le comité de cette Société entreprit comme une des branches les plus importantes de ses travaux, « l'exécution de » plans et modèles pour l'amélioration des logements des ouvriers, à la » fois dans la capitale et dans les districts manufacturiers et agricoles.» Pendant les cinq dernières années, le comité s'est activement occupé d'offrir successivement des modèles d'habitations perfectionnées, disposées suivant les besoins des diverses classes industrielles. Ces habitations, dès l'origine des travaux de la Société, avaient été représentées par un des plus éminents constructeurs de Londres « comme très-diffi- » ciles à établir, comme ne pouvant guère être menées à bonne fin, et » comme peu susceptibles, du reste, de devenir un placement de fonds » avantageux. » En présence de cette opinion, et de l'avis que la Société se bornerait à offrir des récompenses aux plans qu'un concours en déclarerait dignes, et à en faire quelques publications, l'on comprit fort bien qu'aucune espèce de raisonnement, quelque juste qu'il fût, qu'aucun plan ou devis, quelque exact qu'il pût être, ne ferait autant d'impression sur le public que des essais présents sous les yeux de tous, et que la démonstration, par l'expérience, de la possibilité d'obtenir un bon intérêt de capitaux judicieusement engagés dans de semblables entreprises.

Dans ce but, la Société se mit à construire, entre Grays' inn-road et Lower-road, Pentonville, près Bagnigge-Wells, son premier rang d'ha-

(1) Une vue et le plan de ces habitations sont donnés dans l'appendice. Voir les dessins lithographiés planche 1.

bitations modèles (1) sur le seul emplacement convenable de cet endroit, malgré les difficultés que soulevèrent quelques propriétaires qui craignaient de voir déprécier leur propriété par le voisinage de ce qu'ils regardaient comme une réunion de maisons de pauvres d'un nouveau genre.

La disposition des lieux et la nature défavorable d'un terrain de formation récente, pour les fondations d'un bâtiment élevé, eurent une certaine influence sur la résolution qu'on prit de s'arrêter à un double rang de maisons à deux étages, opposés l'un à l'autre. On les construisit sur trois plans différents pour loger d'une manière convenable vingt-trois familles et trente femmes seules. Le but principal qu'on s'est proposé dans la disposition intérieure de ces maisons, a été de réunir toutes les conditions de salubrité, de bien-être, de moralité, pour les ouvriers et leurs familles. Une attention toute spéciale fut apportée à la ventilation, à la fourniture de l'eau et à son écoulement (2).

1° Neuf de ces familles occupent chacune une maison tout entière ayant une chambre commune au rez-de-chaussée, avec un réduit ou cabinet fermé assez grand pour contenir les lits des jeunes gens; deux chambres à coucher au premier, et une petite cour sur le derrière. Le loyer de ces maisons est de 7 fr. 50 c. par semaine.

2° Les quatorze autres familles sont réparties dans sept maisons; chaque famille occupant un étage de deux chambres, avec toutes les commodités convenables; et, comme on arrive à l'étage plus élevé par une porte extérieure différente de celle qui conduit aux appartements inférieurs, les locataires respectifs peuvent n'avoir aucune communication ; les deux étages forment de fait autant d'habitations séparées. Le prix pour chaque famille est de 4 fr. 35 c. par semaine.

(1) Voir le plan de cet édifice, Planche **1.**

(2) Les règlements actuels des compagnies qui fournissent l'eau dans la capitale, entraînent l'inconvénient et la dépense d'un réservoir double, par suite de l'absence d'un service d'eau régulier et *quotidien*, qui, pour beaucoup de raisons, serait préférable à l'obligation de tenir les conduits principaux constamment pleins.

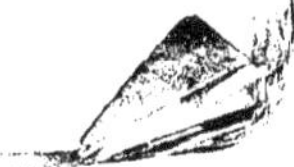

Un lavoir et un terrain pour faire sécher le linge sont mis à la dis-poistion des locataires moyennant une faible rétribution.

3° Le bâtiment du centre, du côté de l'Est, sert pour trente veuves, ou femmes âgées; chacune a sa chambre avec l'usage d'un lavoir commun pour toutes. Le loyer de ces chambres est de 1 fr. 85 c. par semaine. Plus tard, le Comité a pensé qu'on aurait dû porter ce prix à 2 fr. 50 c.

Quand l'espace le permettra, il sera bon d'apporter quelques chan-gements aux dispositions de ce modèle général de maisons. La Société a publié un plan qui indique ces changements (1).

Une remarque à faire, c'est que l'emploi des briques creuses dans la construction des planchers, de la manière décrite plus loin, ajouterait beaucoup au bien-être des maisons où logent plusieurs familles l'une au-dessus de l'autre, et n'entraînerait, tout au plus, qu'un excédant de dépense insignifiant.

Si la situation permettait de donner à la rue quelques pieds de largeur de plus, il serait très-avantageux d'ajouter un troisième ou même un quatrième étage. Dans ce cas, l'on pourrait parvenir aux étages supérieurs par une galerie de derrière et par un ou plusieurs escaliers extérieurs découverts semblables à ceux des maisons de la rue Streatham, dont la description sera donnée plus loin. Un seul escalier pourrait encore servir au même étage de deux ou trois habitations (2). Cette disposition obvierait à beaucoup de désagré-ments qu'entraînent des escaliers intérieurs communs à plusieurs familles, et exempterait en même temps, on le croit fermement, les habitations de la taxe des fenêtres. Dans quelques endroits, on pour-rait, en augmentant le loyer, disposer le rez-de-chaussée en petites boutiques; les appartements supérieurs restant toujours indépendants de la manière que je viens de l'indiquer, et dont on a plus loin le plan.

V.—Encouragée par la location immédiate de son premier rang de mai-

---

(1) Plans indiquant les changements aux maisons pour une famille, Planche 2.
(2) Voir la Planche 2.

sons et par l'approbation du public, manifestée par de riches souscriptions (1), la Société entreprit, peu de temps après, un modèle d'habitation garnie pour ouvriers.

Il est difficile, pour ceux qui n'ont pas constaté par eux-mêmes la dégradation physique et morale, dont la plus grande partie des logements ordinaires (2) d'ouvriers sont le réceptacle à Londres et dans les villes de province, de se figurer l'étendue du mal avec lequel il faut entrer en lutte pour entreprendre une pareille œuvre.

Plusieurs de ces maisons peuvent vraiment être regardées comme des foyers de vice et de crime, comme une honte pour l'humanité, un reproche sanglant pour les sentiments chrétiens de l'Angleterre. Et cependant, c'est dans ces sentines d'iniquité et de souillure, que le jeune ouvrier choisit trop souvent sa première demeure, lorsqu'il quitte le toit paternel. Là, tous ses bons principes sont étouffés par des compagnons de vice, jusqu'à ce qu'il devienne un fléau pour la société, qu'il meure de maladie et de misère, ou qu'il perde sa liberté sous le coup des lois de son pays.

Pour montrer la possibilité d'opérer de grandes améliorations dans ces garnis, la Société commença par en prendre trois dans l'un des plus mauvais quartiers de Londres, dans Charles street, Drury-Lane (3). Elle changea du haut en bas ces trois habitations, et les convertit en une seule maison qui fut munie de lits propres et de tout ce qui est nécessaire à la santé et au *comfort* de quatre-vingt-deux ouvriers, payant tous le prix exigé dans les misérables garnis du voisinage pour un simple lit, c'est-à-dire quatre *pence* (40 cent.) par nuit, ou 2 fr. 50 c.

(1) En aucune circonstance, le montant des souscriptions faites pour contribuer à l'érection des diverses maisons modèles de la Société n'a couvert les dépenses de premier établissement. Les revenus, après le payement graduel, en capital et intérêts des sommes qu'il a fallu emprunter pour compléter leur construction, seront consacrés en général à atteindre le but que la Société s'est proposé.

(2) L'attention publique, pour la première fois, paraît avoir été émue en masse de l'état actuel des garnis de la capitale, par une publication de la Société missionnaire de Londres, intitulée « Les *garnis* de Londres, » publication qui fait une peinture assez effroyable de vice et de dégradation pour être mise en doute par beaucoup de ceux-là mêmes qui étaient convaincus par les rapports de la *Commission de salubrité des villes* qu'un volcan caché couvait au cœur même de la capitale.

(3) Une vue et le plan de ce bâtiment se trouvent à la Planche 5.

par semaine, et se soumettant avec joie au règlement de la maison (1). Au point de vue financier, cet essai est une excellente affaire. Le but principal de la Société n'est point de procurer à meilleur compte un logement, mais d'en améliorer la condition, et de ne faire de concurrence que sous ce rapport.

Bien qu'excellente comme essai et comme enseigne d'opérations avantageuses, la maison de Charles street ne peut cependant pas être regardée comme un modèle de garni parfait. Le comité a donc acheté dans George street, Bloomsbury, un terrain vacant environné d'autres garnis, et y a construit une maison garnie modèle, pour 104 ouvriers (2). Il s'est efforcé d'y réunir tout ce qui lui a paru nécessaire ou utile : écoulement des eaux, ventilation parfaite, cuisine et lavoir, bain et eau en abondance, séparation dans les chambres à coucher, avec tous les autres agréments qui entretiennent la santé du corps, augmentent le respect de soi-même, et élèvent l'homme dans l'échelle des êtres moraux et intelligents (3).

Les plans indiquent très-bien la composition des divers étages, ainsi que la disposition des principaux appartements. Quant aux commodités de la vie, on remarquera les suivantes : la cuisine et le lavoir sont fournis de tous les ustensiles nécessaires; l'eau chaude et l'eau froide viennent dans le bain; un office bien aéré sert à la conservation de la nourriture de chaque habitant. Dans le bureau de recette, occupé par un régisseur, est une petite bibliothèque de choix pour l'usage des locataires. Le café, ou salle commune, a 10 mètres de long sur 6 mètres de large, et 3 mètres 30 de hauteur; il est carrelé, et repose sur des voûtes en briques. De chaque

----

(1) Voir plusloin le règlement général adopté pour les garnis.

(2) Une vue et le plan de ce bâtiment se trouvent dans les Planches 4 et 5.

(3) Son Altesse royale le prince Albert, dans son discours à Freemasons-Hall, le 18 mai 1848, disait : « J'arrive à l'instant de cette maison modèle dont nous célébrons aujourd'hui l'ouverture ; et je suis convaincu que sa construction est appelée à entraîner par degrés un changement complet dans le bien-être intérieur des classes ouvrières, en leur prouvant, qu'à l'économie réelle, elles peuvent ainsi ajouter des avantages que bien peu ont connus jusqu'ici ; et en démontrant, d'un autre côté, ceux qui ont des capitaux à placer, qu'ils peuvent se faire ainsi d'honorables revenus, et procurer à leurs frères les plus misérables, les jouissances dont je viens de parler. »

côté, sont deux rangs de tables de bois avec leurs siéges ; dans la cheminée, il y a toujours une abondante réserve d'eau chaude, et au-dessus d'elle est affiché le règlement de la maison. L'escalier qui occupe le centre de l'édifice est en pierre. Les dortoirs, au nombre de huit, ont 3 mètres 10 de haut et sont divisés par des séparations de bois mobiles de 2 mètres 10 de haut. Chaque compartiment a sa porte qui ferme, et est muni d'un lit, d'une chaise et d'un coffre à habits. Outre que la ventilation est assurée par un libre courant d'air, elle s'établit à travers un tuyau qui se trouve à l'extrémité de chaque chambre avec d'autant plus d'activité qu'il donne passage au bec de gaz qui sert à l'éclairage de la pièce. Un autre tuyau ventilateur est établi dans l'escalier pour fournir les dortoirs d'air frais avec un appareil pour les réchauffer au besoin. Les cabinets de toilette à chaque étage sont revêtus d'ardoise ; les cuvettes sont en fer verni, avec un robinet à eau.

Une preuve frappante des résultats avantageux de ce système de logements perfectionnés, c'est que, tandis que le choléra faisait d'effroyables ravages dans les bouges sales et infects du voisinage, il épargnait la maison de la Société dans laquelle il ne se présenta qu'un seul cas sur 104 habitants, avec quelques diarrhées qui cédèrent promptement aux soins des médecins.

La Société a récemment disposé pour 57 femmes, dans Hatton-Garden, une maison (1) qui peut être regardée comme le spécimen le plus complet d'une ancienne habitation convertie en un établissement de ce genre possédant toutes les améliorations désirables.

VI. — Le plus important de tous les édifices modèles de la Société est celui dont nous allons présenter la description. On avait compris que le dessin d'un édifice propre à recevoir un grand nombre de familles, là où la valeur du terrain ne permet d'occuper qu'un espace de terrain très-limité, exigeait, à un degré plus qu'ordinaire, la réunion de toutes les dispositions dignes d'être reproduites, avec les conditions de durée et de stricte économie indispensables dans un placement sérieux de capitaux.

(1) Voir la Planche 4.

La question de loger un grand nombre de familles dans un pâté de bâtiments élevés a été le sujet de longues discussions, et les opinions les plus contradictoires ont été exprimées à ce sujet devant le comité de salubrité des villes. Quelques personnes pensaient que le meilleur système et le plus économique consistait à établir dans une maison, avec un escalier commun et des passages intérieurs, un nombre de chambres suffisant pour loger plusieurs familles, en leur donnant l'usage en commun d'une cuisine, d'un lavoir, etc., etc. ; d'autres personnes objectaient que cette disposition entraînerait des discussions continuelles, et pourrait devenir très-dangereuse en cas d'épidémie.

Il est évident que dans beaucoup de localités où des habitations d'ouvriers sont indispensables, il est impossible de leur donner un logement séparé, indépendant ; on remarquera donc que l'habitude générale, modifiée toutefois suivant les circonstances locales, est dans la Grande-Bretagne comme dans les principales villes du continent (1) de faire résider plusieurs familles d'ouvriers dans une seule maison.

L'important est donc de trouver une manière de conserver les avantages de cette disposition économique en évitant les désagréments et les dangers sérieux dont il a été question.

Lorsqu'on veut préparer des bâtiments pour l'habitation d'un grand nombre de familles, un point capital à observer dans le plan, c'est la séparation des intérieurs, l'indépendance de chaque famille, la distinction de leurs appartements, de manière à prévenir la communication des maladies contagieuses. Ces conditions sont bien remplies dans les maisons modèles pour familles, construites dans Streatham street, Bloomsbury (2), par la suppression complète des escaliers séparés, et des autres communications intérieures entre les divers étages, et par

---

(1) Un des édifices les plus imposants, habités par la classe ouvrière, est l'*Albergo de Poveri*, à Naples, non terminé quand l'auteur de ce mémoire le visita en **1829** ; il contenait déjà **2,600** habitants. Il a six étages, dont le dernier est occupé par des ateliers où des individus d'âge et de sexe différents sont employés à tisser, à faire des chaussures, des habits, ou à façonner le corail. Chaque lit, pendant le jour, a un couvre-pieds sur lequel est écrit le nom de celui qui l'occupe, et à côté se trouve un sac pour serrer les habits.

(2) Vues et plan de ces bâtiments. Planches 6 et 7.

l'adoption d'un escalier commun et ouvert qui conduit à des galeries
ou corridors, donnant d'un côté sur une cour spacieuse, et de l'autre
recevant les portes extérieures des appartements, dont les pièces sont
protégées contre les courants d'air par un petit vestibule. Les galeries
sont supportées du côté de la cour par une série d'arcades, embrassant
chacune dans sa hauteur deux étages. Le plancher d'ardoise des galeries intermédiaires repose sur des traverses de fer qui supportent aussi
les balustrades. Les logements ainsi séparés ayant moins de sept fenêtres chaque, ne sont pas soumis, on croit pouvoir l'affirmer, à la taxe
des fenêtres, ce qui au point de vue financier est une considération
très-importante, puisqu'il s'agit pour le bâtiment entier d'une économie annuelle d'au moins 1,750 à 2,000 fr.

Les plans donnent une description complète de la disposition générale des différents étages. La Planche 8 présente en outre, sur une
plus large échelle, deux logements ou réunions de pièces, comprenant
tout ce qui est nécessaire à une famille rangée, et renfermant, outre
les chambres à coucher, un petit cabinet avec un lit pour les jeunes
garçons, dans la chambre commune.

La nature des fondations exigeant une profondeur assez considérable,
on a disposé dans les soubassements une rangée d'ateliers bien éclai-
rés, bien aérés et d'une grande utilité pour quelques locataires ; puis un
lavoir, une salle de bain d'un usage commun, mais sous la surveillance
du régisseur, dont le bureau est situé près de l'entrée publique. C'est
à lui que l'on confiera sans doute aussi le débit à bas prix, pour les locataires, du charbon et des pommes de terre, dont on peut faire d'amples provisions dans ce soubassement. Les planchers et les combles de
cet édifice sont mis à l'épreuve du feu par un système de voûtes en
tuiles ou en briques creuses légèrement cunéiformes (1). Elles ont 0 mètre 15 de profondeur, 0 mètre 10 c. de large au sommet, 0 mètre 22 de

(1) On se sert depuis longtemps pour former ces voûtes des plafonds de tuiles semblables à des pots
de fleurs, fermés à leurs deux extrémités. Elles paraissent avoir été inventées en France, où elles sont
fréquemment employées. L'auteur s'en est servi en 1833 pour la construction de Fishmonger-Hall.
Le plafond de Saint-Georges-Hall, à Liverpool, est un des plus beaux spécimens de voûte en brique
creuse. Une description très-intéressante en a été donnée l'an dernier à l'Institut des architectes par

long, 0 mètre 02 d'épaisseur ; la flèche de la courbure des voûtes est de
0 mètre 018 à 0 mètre 025 par 0 mètre 30 de longueur de corde ; elles
sont maçonnées en ciment de Portland composé d'une partie de ciment pour deux de sable vif ; les tuiles doivent être bien mouillées
avant d'être employées. Le poids de la voûte est d'environ 14 kil. par
0 mètre 30 de superficie, et de 12 kil. en sus lorsqu'on l'a nivelé avec
un lit de beton.

Le bâtiment est disposé de façon à faire avec les voûtes (1) des combles et des planchers une série continuelle d'arcs-boutants s'appuyant
l'un à l'autre, excepté aux extrémités où les voûtes sont reliées par des
tirants en fer de 0 mètre 02 fixés dans des pièces de fonte ou dans les
naissances en pierre. Ces dernières sont formées de deux assises de
pierre de York entre lesquelles passe le tirant. Le toit est nivelé avec
du beton, et recouvert d'asphalte. Les planchers des chambres à coucher sont en planches reposant sur des lambourdes de 0 mètre 05 carrés, évidées de 0 m. 025 sur le sommet de la voûte, et fixées à des dor-
mants ; les autres planchers sont en ciment de Portland, excepté ceux
des soubassements, qui sont en lave métallique.

Afin de prouver la force de cette nouvelle application de voûtes en
tuile, on en construisit un comme essai ayant environ 0 mètre 96 de
large, 2 mètres 90 entre les points de supports, et 0 mètre 17 d'élévation. Les arcs-boutants étaient assurés par des tiges de fer de 0 mètre
018. Le tout fut laissé ainsi quelques semaines. L'on plaça ensuite des saumons de fer au centre, et voici quelles furent les dépres-
sions soigneusement observées : pour 3 tonnes, 0 mètre 003 ; 5 tonnes
0 mètre 006 ; 6 tonnes, laissées pendant vingt-quatre heures 0 mètre
010 ; 9 tonnes et 200 kil. 0 mètre 015 ; 9 tonnes et 700 kil. la voûte

M. Rawlinson, ing[r], dont le talent a été mis à contribution pour dessiner et exécuter cette partie
de l'édifice, après la mort de son premier architecte, l'habile M. Elmes.

(1) Les arceaux construits en briques creuses, comme tous les ouvrages légers de brique, ne doivent être
exécutés que dans une saison où l'on n'a pas à craindre l'arrivée de la gelée. Il faut prendre bien garde
que les joints ne soient pas lavés par de fortes pluies, et ne point faire de leur pose un travail à la
tâche. Des fondations solides sont indispensables pour tous les édifices qu'on veut ainsi voûter. On
trouvera plus loin de plus amples détails sur les briques creuses et sur leur emploi dans la construction des logements d'ouvriers.

rompit, les tuiles craquant d'abord aux extrémités par lesquelles passent les tirants. Cette expérience a prouvé qu'en supposant le plancher couvert de monde, ce qui à raison de 45 kil. par 0 mètre 30 de superficie, représenterait 1,600 kilogrammes, c'est-à-dire le poids le plus élevé qui puisse être placé sur ces planchers, ils pourraient sans danger en supporter quatre fois autant, et qu'ils ne s'écrouleraient que sous une charge six fois plus lourde.

Par suite de la difficulté de se procurer des tuiles en assez grande quantité, on a fait quelquefois les petites voûtes de 1 mètre 80 à 2 mètres 10 de corde, en tuiles disposées à plat, ayant 0 mètre 10 d'épaisseur, ou en demi-briques.

L'excédant de dépense nécessaire pour mettre cet édifice à l'épreuve du feu, empêcher la communication du son et la filtration de l'eau à travers les différents étages par le moyen des arceaux en tuile, ne se monte pas, comme il résulte des prix comparés, avec ceux des planchers et des toits combustibles, à plus de 13 fr. pour 2,500 fr., sur la totalité de l'entreprise des bâtiments qui s'élève à 184,250 fr. Et, selon toutes les probabilités, s'il vient des demandes régulières de ces tuiles pour toit ou plancher, on les exécutera à des conditions qui n'entraîneront dans la suite aucun excédant de dépense.

Après avoir achevé ces bâtiments, la Société a entrepris d'élever un autre rang de maisons de ville modèles avec l'argent mis à sa disposition sur les offrandes versées en action de grâce pour la disparition du choléra (1).

(1) Ce fonds est dû à l'idée suggérée par le lord évêque de Londres, dans une lettre adressée au clergé de son diocèse, avant le jour assigné aux remerciments publics pour l'éloignement du choléra, 15 novembre 1849. Sa Seigneurie disait : « Je propose que les aumônes ainsi recueillies soient consacrées à l'exécution de quelque bon plan d'amélioration des demeures d'ouvriers. Loin de moi » l'idée de déterminer les mains par lesquelles je désire voir employer cette somme : mais, dans le cas » où les fonds ne seraient point suffisants pour exécuter un plan à part, on ne saurait mieux les confier qu'à la Société fondée pour améliorer la condition des classes ouvrières. Cette Société a déjà » fait beaucoup de bien, en donnant l'exemple de ce qu'on peut entreprendre pour doter le pauvre » d'habitations commodes et décentes, au moyen d'un déboursé, qui, en définitive, portera un intérêt » au point de vue social et mercantile. Un fait remarquable et encourageant à la fois, c'est que dans » les maisons de la Société il n'y a pas eu un seul cas de choléra, et deux de diarrhée seulement. » qui encore ont cédé promptement aux soins des médecins. »

La destination spéciale de cet édifice n'est pas encore arrêtée ; mais il sera approprié à l'usage de quelques-unes des classes ouvrières, aux besoins desquelles il n'a pas été pourvu dans les autres maisons modèles de la société.

VII. — Comme je désire embrasser mon sujet sous toutes ses faces, et signaler particulièrement aux membres les plus jeunes de l'Institut les défauts pratiques que l'expérience m'a fait découvrir, je continuerai l'examen de quelques-unes des principales habitations d'ouvriers qui ont été bâties depuis la fondation, en 1844, de la Société d'amélioration du sort des classes ouvrières.

La première en date est la belle et imposante rangée d'habitations d'ouvriers construite à Birkenhead (1) pour 324 familles. Les constructions sont à quatre étages et à l'abri du feu. Il y a beaucoup à prendre dans cet essai, déjà ancien ; mais il y a aussi, à plusieurs égards, beaucoup d'améliorations à introduire, et l'expérience a tellement confirmé ma première impression sur le plan de cet édifice, que je me bornerai à citer un rapport adressé le 1ᵉʳ mars 1845 à lord Ashley, dont un capitaliste influent, intéressé dans l'entreprise, avait demandé l'opinion.

Ce rapport est signé par MM. W. Denison, capitaine aux ingénieurs royaux ; H. Robert, architecte, et J. Toybee ; en voici le résumé :

« Le sous-comité des habitations pour la Société d'amélioration du sort des classes ouvrières a examiné les plans qui lui ont été transmis par votre Seigneurie pour la résidence des ouvriers employés aux docks de Birkenhead ; il vous présente à ce sujet les observations suivantes :

» La largeur des avenues n'est que de 5 mètres 50, tandis que les maisons doivent atteindre une hauteur de près de 12 mètres. D'après le nouveau bill sur les constructions, la largeur de ces avenues ne devrait pas être moindre que la hauteur des maisons, c'est-à-dire 12 mètres. Sans prendre cependant la disposition de ce bill comme ce qu'il y a de mieux, nous sommes d'avis, dans le but d'assurer aux maisons une bonne ventilation, et d'y faire pénétrer les rayons du soleil, de fixer la largeur de ces avenues à un minimum de 9 mètres, surtout

(1) Un plan de deux logements de cet édifice se trouve à la Planche 8.

en considération des obstacles qui s'opposent à chaque extrémité à la libre circulation de l'air.

» La disposition générale des maisons paraît bonne; mais, quoique la hauteur des appartements soit suffisante, le Comité ne peut pas, à d'autres égards, en approuver les dimensions. Toutes les pièces sont petites, et particulièrement les chambres à coucher, qui ne mesurent que 2 mètres 90 sur 2 mètres 15, et 2 mètres 90 sur 1 mètre 80. On remarquera, en outre, que l'absence d'un petit cabinet attenant à la chambre commune et susceptible de recevoir un lit, dans le cas où l'habitation serait occupée par une famille, ne permettrait pas une convenable séparation des sexes.

» Quant au tuyau pour vider les ordures, il faut bien faire attention de faciliter la sortie des gaz provenant des matières décomposées, qui, sans cela, se répandraient, du caveau où elles s'accumulent, dans la maison elle-même.

» Comme il n'y a point de plan particulier du système de ventilation, il est impossible d'émettre aucune opinion sur un sujet si important; mais il est de la plus grande nécessité qu'il soit adopté un système capable de chasser surtout les mauvaises émanations que laisse toujours l'éclairage au gaz. »

Les bâtiments, objet de cette appréciation, sont terminés depuis plus de trois ans aujourd'hui, et c'est avec regret que visitant Birkenhead en octobre dernier, je les trouvai inhabités, sans doute surtout à cause de la suspension des travaux des docks, en vue desquels ils avaient été construits. Cependant, comme il y a dans le voisinage une population d'ouvriers nombreuse et qui s'augmente tous les jours, je crois que l'aspect sombre de ces allées étroites, et le manque complet de soleil, ont fortement contribué à éloigner les locataires. A peu de distance de là, il a été construit dans le même plan, tout un pâté de maisons d'ouvriers, pour soixante-quatre familles. Il est connu sous le nom de Bâtiment Morpeth, et il consiste en doubles maisons de quatre étages, avec un escalier au milieu, desservant de chaque côté deux appartements complets. Ces bâtiments ne sont pas à l'épreuve du feu, mais ont de l'air et du jour; ils sont près du siége des occupations des

personnes qui les habitent, et par suite toujours pleins. Les locataire
y payent très-volontiers 3 fr. 10 c. par semaine, et 30 c. en sus pour
le gaz.

VIII. — L'Association métropolitaine pour l'amélioration des demeures d'ouvriers a été autorisée par charte royale du mois d'octobre 1845. Sa première rangée de maisons, construite dans Old-Pancras-road (1) pour cent dix familles, a été ouverte dans le commencement de 1848. Les bâtiments, dont les plans sont de M. Moffet,
présentent une façade imposante d'environ 69 mètres, avec ailes en
saillie, et cinq étages de hauteur. La division, en double maison avec
escalier de pierre au milieu, est semblable à celle des bâtiments de
Birkenhead. Ces maisons ne sont pas, comme ceux-ci, à l'épreuve du
feu, mais les appartements y sont plus grands et sont exposés en plein
au soleil et à l'air. La disposition intérieure de l'escalier les soumet
aussi à la taxe des fenêtres qui ne s'élève pas à moins de 3,820 fr. par
an. Ces habitations ont été toujours occupées depuis leur achèvement ;
et on a eu des preuves évidentes du changement opéré dans la santé
et le bien-être des locataires, par leurs bonnes et salubres dispositions.

Le second bâtiment entrepris par la Société métropolitaine se trouve
dans Spitalfields. C'est une maison garnie pour deux cent trente-qua-
tre hommes seuls, avec dortoirs sur le même plan que ceux de la
maison ouverte en 1847 dans George street, Bloomsbury (2) ; les pièces
communes sont dans des proportions plus grandes et plus coûteuses.
On y trouve un café de 13 m. 70 c. sur 10 m. 68 c. ; une cuisine de
14 m. sur 6 m. 60 c. ; une classe de 10 m. 68 c. sur 6 m. 60 c. et une
salle de lecture de 7 m. 60 c. sur 6 m. 60 c. Ce bâtiment vient d'être
terminé d'après les plans de M. W. Beck. Le loyer est fixé pour chaque
locataire à 3 fr. 75 c. par semaine, tandis qu'il n'est que de 2 fr. 90 c.

(1) Voir à la Planche 8, le plan de deux appartements de cet édifice.

(2) La *Maison des Marins*, dans Well street, London Docks, peut, à quelques égards, être consi-
dérée comme le premier modèle des garnis perfectionnés. Elle fut ouverte en 1833, et la dépense du
dernier dortoir a été couverte en entier par un don de Sa Majesté la Reine douairière, généreuse patronesse de la Société d'amélioration du sort des classes ouvrières. Cet admirable établissement, qui
bientôt pourra loger trois cents personnes, est, avec l'*Asile des Marins nécessiteux*, situé dans la même

dans George street, Bloomsbury. Il reste à voir si l'on consentira à payer, pour les agréments qu'on y trouve, l'excédant en sus des 40 c. par nuit, prix que paye ordinairement un homme pour le logement dans un garni. On peut encore se demander jusqu'à quel point la classe d'hommes à laquelle ces demeures sont surtout destinées jouira réellement de ces avantages. Il faut cependant remarquer que cet établissement étant placé près de la grande rangée d'habitations pour familles, construites par la même association, elle pourra faire jouir des agréments qu'il présente, à certaines heures du jour, une partie de ces familles, et donner ainsi une destination utile à des dispositions qui autrement pourraient paraître du superflu.

Le plan intérieur de ces maisons pour familles est, en général, semblable à celui des bâtiments de Old-Pancras-road. La position respective des foyers et des portes y est meilleure ; mais l'entrée, placée sous le centre de l'escalier, semble écrasée et ne me paraît pas satisfaisante. La construction des planchers qui devait avoir lieu dans l'ancien système, a été changée, depuis l'adjudication, pour le nouveau mode à l'épreuve du feu, de MM. Fox et Barret.

L'association métropolitaine (1) par laquelle ces demeures ont été construites, est établie sur le principe sensé qui consiste à engager un certain capital avec l'espoir, sous une bonne administration, de retirer un intérêt convenable de son argent. Ce principe est le seul à l'aide duquel on puisse raisonnablement espérer de développer sur une grande échelle les améliorations que les logements d'ouvriers réclament. L'intervention d'un public bienveillant fournira sans doute des fonds pour construire un modèle de chaque espèce de bâtiments cor-

rue, un témoignage du désintéressement et du dévouement énergique de feu le capitaine Elliot. Comme ce dernier édifice, dont l'auteur a été l'architecte honoraire en 1835, peut fournir l'idée d'utiles dispositions pour les vagabonds et rôdeurs de nuit, on en donne un plan à la Planche 9. L'addition d'un second étage, en permettant la séparation des sexes pendant la nuit, ferait de cet édifice un modèle.

(1) Dernièrement, le comte de Carlisle, à l'ouverture du garni de Spicer street, a chaudement recommandé, en ces termes, cette association à la générosité publique : « Qu'il soit prouvé que le bien fait aux masses qui luttent contre la misère, donne sa compensation matérielle, et présente une source de bons produits; et la charité, au lieu de rester une inspiration divine dans le cœur d'une petite

respondant aux besoins variés des diverses classes d'ouvriers, pour
donner en même temps la preuve que ces maisons peuvent, sous une
direction intelligente, être d'un bon rapport; mais on ne saurait demander davantage à la charité et à la philanthropie.

IX. — A Glasgow, il a été construit dans un but de pure humanité,
par M. James Lumsden, une maison de quatre étages pouvant loger
trente et une familles. Les appartements sont disposés de chaque côté
d'un passage communiquant à un escalier commun et éclairé par les
deux extrémités. Chaque logement se compose d'une pièce à une
fenêtre; deux petits cabinets pour lits et un lavoir de cuisine ou dépense,
sont pris sur la pièce principale et séparés par un compartiment
de 2 m. 13 c. de haut. Les lieux d'aisance et le trou aux ordures sont
près de la porte d'entrée, et n'ont aucune espèce de ventilation. Très-
sujet à critique au point de vue de la salubrité, ce plan est un des
exemples les plus frappants des obstacles que met la taxe des fenêtres
à une distribution convenable des grands bâtiments consacrés à la
demeure des ouvriers. Dans ces logements, il n'y a qu'une fenêtre là
où il en eût fallu trois.

C'est une politique mauvaise, que celle qui maintient une taxe con-
tribuant à accroître les dangers des demeures encombrées d'habitants,
et oppose une barrière sérieuse aux améliorations qu'on voudrait
faire, en diminuant le rapport des capitaux qu'il faudrait y consacrer.

X. — Outre les bâtiments neufs dont il vient d'être question, on a,
dans plusieurs endroits, changé les dispositions d'anciennes constructions (1), de manière à les rendre salubres et agréables. Les améliorations de ce genre peuvent être faites sur une échelle importante, au

minorité incertaine et réservée dans ses œuvres, deviendra une habitude grave, réglée pour le plus grand
nombre, se multipliant par la pratique, et ajoutant les calculs de la prudence à tous les élans de la
générosité. » Une décision intelligente du parlement, pour faciliter la formation et l'administration
générale d'associations légales indépendantes, basées sur le principe des compagnies par actions, con-
duirait sans doute rapidement à toutes ces améliorations. Aujourd'hui, la dépense et la difficulté d'obtenir
une autorisation sont des obstacles sérieux. Ces obstacles levés, le public n'aurait plus d'excuse pour
refuser son concours.

(1) Les propriétaires des anciens garnis et des appartements loués par les ouvriers, ont, par des mo-

grand avantage des classes ouvrières, et donner de beaux résultats à ceux qui les entreprendront avec jugement sans s'effrayer des fatigues et des embarras par lesquels il faut passer. L'exemple de la Société d'amélioration du sort des classes ouvrières est là pour le prouver.

Soit qu'on veuille mettre en état d'anciennes maisons, soit qu'on veuille en construire de nouvelles, l'expérience a montré de quelle importance est le choix d'un emplacement convenable, à portée des ocupations journalière s des futurs habitants, et à une certaine distance des demeures occupées par les classes plus élevées de la société (1). L'économie la plus sévère, d'accord cependant avec les conditions désirables de salubrité, doit servir de règle dans la disposition de ces nouveaux bâtiments. Le bon marché de la construction, en tant néanmoins qu'on n'en compromet pas la durée (2), constitue le second élément essentiel d'un plan intelligent. L'architecte ne doit pas perdre de vue que les loyers payés ordinairement par les ouvriers, bien que démesurément élevés pour les misérables commodités qu'on leur donne, ne produiront qu'un juste intérêt du capital engagé dans les bâtiments construits à leur usage quand on les dotera de tous les agréments qu'il est désirable de leur voir posséder. Toute dépense inutile, entraînant une augmentation sur le prix habituel des loyers, peut compromettre en totalité ou en partie le succès qu'on peut convenablement espérer d'une semblable opération ; elle doit être sévèrement repoussée.

XI. — Il me reste maintenant à examiner plus spécialement les de-

tifs purement intéressés, entrepris d'améliorer leurs maisons, et ils se plaignent de ce que leurs locataires ne sont plus contents aujourd'hui si on ne leur fournit pas les agréments et le confortable qu'on trouve dans les demeures modèles. Ainsi, un esprit très-salutaire de rivalité a déjà commencé à germer.

(1) Un garni modèle pour hommes seuls, pouvant recevoir de trente à quarante habitants, a été ouvert, il y a quelques mois, dans une ville de province. Il n'y a jamais eu plus de quatre ou cinq locataires. Ce fait doit être attribué à ce que le quartier est trop riche pour les individus qu'on veut y loger, et probablement aussi au choix pour régisseur d'un ancien agent de police, qui a inspiré des sentiments de répulsion.

(2) Les appareils intérieurs de ces maisons devraient être aussi indestructibles que possible. Les tuyaux de fer devraient remplacer ceux de plomb, et toute la serrurerie en général doit être forte en même temps que simple.

meures des ouvriers de la campagne et des paysans. Cette partie de notre sujet mérite une grande attention, soit que nous l'embrassions au point de vue moral et social, soit que nous nous en occupions au point de vue de la prospérité et de la stabilité nationales, ou même sous le rapport artistique, beaucoup moins important que les autres, il est vrai, mais qui, en définitive, fait de ces demeures un des charmes les plus attrayants des paysages de la Grande-Bretagne. Admettant comme acquis le besoin urgent d'améliorations, et mon but principal étant l'utilité pratique, je ne m'appesantirai pas sur ces considérations générales, mais je me bornerai à faire remarquer en passant que la convenance de style, la justesse de proportion, et le bien-être intérieur, sont parfaitement compatibles avec le pittoresque extérieur, et la sévère économie indispensable dans la construction des demeures destinées à la généralité des habitants de la campagne.

L'attention des propriétaires fonciers s'est souvent portée sur la nécessité d'améliorer les demeures des paysans. On trouverait plusieurs cas dans lesquels l'aspect d'un village entier et celui des environs ont été complétement changés par les efforts bien dirigés d'une seule personne. Je pourrais citer plusieurs exemples de ce genre, donnés par de nobles et riches propriétaires. Je n'en rapporterai qu'un, dans lequel on verra quel bien on peut ainsi faire avec des moyens assez exigus. John Howard, dans le mémoire récemment publié par M. Dixon, rappelle que lorsqu'il vint pour la première fois demeurer à Cardington, dans le comté de Bedford, vers 1756, c'était un des plus misérables villages qu'on pût trouver sur toute la surface de la Grande-Bretagne. Les habitants en étaient pauvres, ignorants, vicieux, turbulents, sales, etc., etc. Avec son caractère chaleureux et énergique, Howard entreprit d'améliorer leur condition matérielle et morale en commençant par sa propriété. Les huttes dans lesquelles ses paysans vivaient pêle-mêle, comme tous les autres, étaient sales, mal bâties, mal éclairées, humides, et d'un ensemble si malsain et si mal conditionné, qu'elles ne remplissaient aucune des convenances nécessaires à des créatures humaines. Il résolut d'entreprendre son œuvre, par ce qui devait en être le véritable commencement, par l'amélioration de la situation matérielle. Il attacha bientôt ainsi ses paysans à leur foyer, ce grand centre de tous les sentiments purs et de la saine morale; il développa et réchauffa de plus en plus chez ces pauvres créatures jadis délaissées le goût des jouissances si simples et si douces de la famille.

Son premier pas fut marqué au coin de la sagesse. Il voulut que la maison du pauvre fût une demeure convenable pour des hommes qui se respectent. C'est là, en effet, le point de départ de toute véritable réforme sociale et industrielle. En mettant ce plan à exécution, Howard ne paraît pas s'être beaucoup inquiété de l'importante question d'intérêt du capital dépensé. Quoique homme d'affaire et mathématicien, il pensait que sa fortune ne lui était confiée que pour en faire jouir ses semblables, et, conséquemment, il n'hésitait pas à l'aventurer, moins dans l'espoir d'un intérêt personnel quelconque, que dans la pensée de lui faire produire, au profit de ses semblables, ordre, vertu, intelligence et bonheur.

Ayant donc décidé qu'il fallait abattre les misérables cabanes de boue qu'habitaient ses paysans, il choisit avec soin des emplacements convenables, sur lesquels il fit construire un certain nombre de *cottages* bien conçus, et il y transféra ceux qu'il jugea dignes d'être ses tenanciers. Les seules conditions qu'il exigeait d'eux, d'une manière absolue, étaient bientôt énoncées : activité, tempérance, et observation du dimanche; mais elles suffirent, et avec le sentiment de la dignité humaine et du respect de soi-même, toutes les améliorations vinrent trouver sans effort cette population jadis si misérable et s'étendirent de proche en proche sur toute la contrée voisine.

Sa Grâce le duc de Bedford disait à la Société royale d'agriculture, dans une lettre adressée l'année dernière au comte de Chichester (1), président de cette société :

« Nous savons tous que la construction des cottages est une pauvre spéculation. Excepté pour le constructeur, qui exige des prix exorbi-

---

1) L'aspect gracieux des *cottages* des propriétés de Sussex, du comte de Chichester, laisse un souvenir agréable, non-seulement parce qu'ils contribuent à la beauté pittoresque de Stanmere-Park, mais aussi parce qu'ils annoncent une sollicitude paternelle en faveur de ceux qui les occupent.

tants pour de mauvaises et imparfaites habitations, c'est un placement
de fonds peu avantageux; mais ce n'est point là le but que les propriétaires doivent envisager. Qu'ils construisent et améliorent des fermes,
des granges et des étables, rien de mieux. Mais, serait-ce trop exiger
d'eux que de leur demander de faire construire et améliorer des demeures pour leurs paysans dans la proportion des perfectionnements
apportés à la culture du sol?

» Améliorer les demeures des classes ouvrières, leur fournir de plus
grands éléments de propreté, de santé, de bien-être dans leurs intérieurs, développer leur éducation et élever ainsi les habitudes morales
de ces membres importants de la communauté, voilà ce qui doit être
un des premiers devoirs et l'un des plus vrais plaisirs de tout propriétaire. En s'occupant ainsi de ceux que la Providence lui a confiés, il
leur apprendra que le moyen d'assurer leur indépendance et le bien-
être de leurs familles, c'est de développer les facultés dont ils ont été
doués.

» Comment mettre en doute les avantages immenses qu'il y a à
rendre la population des campagnes contente de son sort, et à développer entre le propriétaire et ses tenanciers cet accord mutuel qu'une
saine politique et les motifs les plus élevés d'humanité recommandent
également? »

Voilà les admirables principes exposés par Sa Grâce. Qu'ils trouvent
de l'écho dans les châteaux de notre noblesse et de nos grands propriétaires fonciers, qu'on se mette à l'œuvre, et ce changement si désirable s'effectuera promptement.

XII. — J'ai eu dernièrement le plaisir d'examiner un nombre considérable de nouveaux *cottages* bâtis avec beaucoup de jugement et de
soin (1) sur la propriété du duc dans le comté de Bedford. Ces maisons
sont au nombre de cent. L'intention de Sa Grâce est même de recons-
truire ainsi les anciennes habitations de ce comté, jusqu'à ce qu'il
y en ait plus de trois cents. L'atelier de construction à Woburn-
Abbey est sur une échelle tout à fait princière. Il comprend un vaste

____

(1) Un intéressant aperçu de ces cottages est donné dans une brochure récemment publiée par le

outillage mu par une machine à vapeur de vingt-cinq chevaux et occupant deux cents ouvriers. Dans le Devonshire, le duc s'occupe de réaliser les mêmes améliorations pour soixante-quatre habitations.

L'exemple si noblement donné par le duc de Bedford a été bien promptement suivi par le duc de Northumberland. Plusieurs autres grands propriétaires ont aussi entrepris la même œuvre de bienfaisance qui à défaut d'un gros intérêt, ne peut manquer de produire ces sentiments de bonheur et de bienveillance, qui sont les meilleurs liens entre un propriétaire et les paysans qui vivent sur ses domaines.

Les plans de logements assainis et améliorés pour des ouvriers de la campagne, destinés à être réalisés d'une manière économique, sans toutefois nuire à la santé et au bien-être des locataires, ont été à plusieurs reprises le sujet de concours d'architecture. Presque toujours, les résultats auraient été bien peu satisfaisants, si l'on n'avait eu les avis de plusieurs propriétaires fonciers dont l'attention s'était dirigée sur ce sujet d'une manière toute pratique et spéciale. Tels sont, par exemple, les plans des *cottages* du marquis de Breadalbane publiés dans le volume de 1843-1845, des Transactions de la Société d'agriculture d'Ecosse, et ceux du duc de Bedford publiés dans le numéro de juillet dernier du Journal de la Société royale d'agriculture.

Ce même numéro contient aussi le plan qui a remporté au concours le premier prix de 1,250 fr., accordé par cette Société au printemps de 1849. En parlant de ce plan, un écrivain distingué et judicieux (1), qui s'occupe des logements des paysans, a fait la remarque suivante, à laquelle il n'y a rien à ajouter : « Je n'en dis qu'une chose, c'est que j'ai l'espoir qu'aucun des membres influents ne se décidera, sur l'approbation de la Société, à construire d'après ce modèle. » C'est qu'en effet on n'invente pas facilement un plan de ce genre.

Pour faciliter l'adoption de plans réunissant toutes les conditions essentielles de salubrité et de bien-être à la solidité et à l'économie de

Rev. C. H. Hartshorne, intitulée : « Système de constructions de *cottages* adopté sur les propriétés de Sa Grâce le duc de Bedford. »

(1) Le Rev. T. James de Theddingworth, de Northampton.

constrnction, la Société d'amélioration du sort des classes ouvrières a publié et répandu en très grande quantité une série de dessins pour *cottages* (1), remplissant le double but que nous venons d'indiquer.

XIII. — Ces plans viennent d'être revus et publiés de nouveau, augmentés d'une autre série de plans basés sur les mêmes principes généraux, mais assez variés pour laisser un grand choix, non-seulement dans la disposition intérieure des appartements, mais aussi dans l'élévation extérieure, de manière à produire une diversité agréable dans les lieux où l'on aurait à construire plusieurs de ces habitations les unes à côté des autres. Il est clair, cependant, que la différence de matériaux employés dans plusieurs parties du pays ne permet pas de préparer une collection de plans applicables dans toutes les circonstances. Aussi, a-t-il paru convenable de les disposer en vue de l'emploi des matériaux dont on se sert le plus généralement dans ces sortes de constructions. On a en conséquence choisi la brique; mais, on pourra également construire sur ces plans, en variant l'épaisseur des murs si l'on emploie la pierre ou le silex avec arêtes de pierre ou de brique.

Dans un but d'économie et pour d'autres motifs qu'il est inutile de détailler ici, ces habitations sont généralement dessinées par paires; mais, on a pris soin de prévenir autant que possible la communication, souvent gênante, des deux familles. Les portes d'entrée sont placées, à cet effet, aux deux extrémités opposées des *cottages*. La cheminée est au centre et son tuyau donne ainsi la plus grande quantité de chaleur qu'on puisse en tirer.

Chaque habitation se compose d'une chambre commune dont la superficie est en général de 45 m. 75 c., sans compter celle de la cheminée; d'une pièce à usage de cuisine et dépense, de 18 m. 30 c. à 21 m. 35 de superficie; ces dimensions, suffisantes pour les besoins domestiques ordinaires, ne permettent pas qu'on soit tenté de faire de cette pièce la chambre commune de toute la famille. Outre une grande chaudière, et quelquefois un four de brique, il y a dans toutes un foyer qui évite la nécessité d'avoir du feu dans la chambre commune pendant l'été.

(1) Les prix et conditions de location pour ces *cottages* se trouvent à la page 53.

Enfin, partout il y a encore un garde-manger, un petit cabinet dans la grande pièce et une soute à combustible.

Les chambres à coucher, conformément au principe de la séparation des sexes, si nécessaire à la moralité et à la décence, sont généralement au nombre de trois, ayant chacune une entrée particulière. Leurs dimensions varient un peu. La chambre à coucher du père et de la mère ne doit dans aucun cas mesurer moins de 30 m. de superficie, et celles des enfants doivent en avoir en moyenne de 21 m. à 24 m. La hauteur, depuis le rez-de-chaussée jusqu'au premier étage, est de 2 m. 65 c., donnant près de 2 m. 40 c. dans œuvre à la chambre commune.

Bien, qu'il y ait généralement trois chambres à coucher, dans certains cas, cependant, sans que les convenances en soient blessées, on peut, selon les besoins, ne pas en adopter autant. On évite de cette manière d'exposer les familles à la tentation de prendre des locataires. Trois plans sont disposés, en conséquence, avec un nombre de chambres plus faible.

Quand les circonstances font désirer que les habitants d'un *cottage* aient la faculté de prendre un locataire, l'inconvénient principal à prévenir, c'est la trop grande multiplicité des contacts et la proximité exagérée d'un étranger; il faut donc, en quelque sorte, s'en préserver en séparant entièrement la chambre du locataire de celles de la famille. Le plan n° 7 est disposé dans cette prévision. Il y a au rez-de-chaussée une chambre à coucher pouvant servir à un locataire ou aux garçons de la famille, tandis que le premier étage est réservé exclusivement à la chambre à coucher du père et de la mère et à celle des filles. Le porche rustique de ce plan en bois non dégrossi est un ornement qui ne coûte rien et que l'on ajoute ou retranche à volonté.

Voici, en résumé, la description des différents plans de ces habitations :

N° 1. *Cottage* double avec une chambre à coucher. (Planche 11.)

N° 2. *Cottage* double avec deux chambres à coucher, (Planche 11.)

N° 3, 4, 5, 6. *Cottage* double avec trois chambres à coucher, présentant chacun des dispositions intérieures et des élévations extérieures différentes. (Planches 12 et 13.)

N° 7. *Cottage* double avec trois chambres à coucher ; deux en haut et une en bas pour un locataire ou les garçons. (Planche 14.)

N° 8. Cottage double (1) pour quatre familles, avec deux pièces à lit pour chaque. Deux de ces appartements sont au rez-de-chaussée, et deux au-dessus avec entrées séparées et dépendances domestiques distinctes. Des plafonds de briques creuses ou de tuiles à voûtes reliées par des tiges en fer, peuvent être employés avec avantage pour les différents étages. (Planche 14.)

N° 9. Deux *cottages* simples, avec trois chambres à coucher, plus ornés et plus coûteux qu'aucun des plans qui précèdent et pouvant servir de loges pour concierges ou gardes. (Planche 16.)

N° 10. *Cottage* garni pour 14 ou 16 ouvriers célibataires paysans, mineurs ou carriers, avec appartement pour un régisseur marié. (Planche 16.)

N° 11. Elévation du plan n° 5 montrant une différence dans le pignon et le couronnement ; mur de façade en silex, et arêtes en briques. Ces modifications peuvent être appliquées à chacun des modèles qui précèdent. La même planche contient aussi trois autres plans, avec deux élévations de dépendances indispensables dans certains comtés. Un de ces plans a une étable à porcs, les deux autres n'en ont pas. Quand les lieux d'aisance seront une dépendance extérieure, détachée du corps de logis, leur emplacement dans la maison pourra être utilement employé à serrer les instruments d'agriculture, etc. (Planche 15.)

Le N° 12 donne plusieurs idées pour grouper d'une manière pittoresque des *cottages* doubles, conformément aux plans qui précèdent. (Planche 10.)

XIV.—Le *cottage* garni est destiné à procurer aux ouvriers et paysans célibataires, une demeure confortable, à bon marché, saine et exempte de ces tentations au vice et à l'immoralité qui assiégent souvent les trop nombreux habitants d'un *cottage*, où, sans égard à l'âge et au sexe, gens mariés et célibataires, vivent ensemble comme des animaux et

______

(1) De doubles *cottages* pour quatre familles, avec trois pièces à lit pour chaque logement, peuvent être disposés avec escalier ouvert au milieu, conformément au plan décrit page 14.

se dégradent mutuellement. Le jeune homme qui quitte la demeure de ses parents insuffisante pour toute la famille, ou qui s'éloigne, poussé par un désir d'indépendance, trouverait dans cette maison les avantages dont il jouirait rarement ailleurs, et dont le besoin lui fait hâter, trop souvent avec imprudence, le moment de se marier. Au lieu de perdre ses soirées à la taverne, il serait entraîné, pour son plaisir et son instruction, à parcourir quelques livres choisis, confiés aux soins du régisseur; et ses heures de loisir même pourraient être utilement employées à cultiver un lot de jardin, s'il était possible d'y consacrer 40 à 60 ares de terrain.

Le nombre des locataires pour le plan que nous avons proposé pourrait être de quatorze ou de seize, deux des compartiments pouvant renfermer deux lits. Dans les circonstances ordinaires, il vaudrait mieux construire une seconde maison plutôt que d'accroître les dimensions d'une seule d'entre elles d'une manière trop considérable.

Ce plan réserve au rez-de-chaussée un appartement pour le régisseur et sa femme; le reste étant destiné aux locataires, comprend une chambre commune munie de tables et de bancs, une cuisine, un garde-manger bien aéré, avec des placards distincts, fermant bien, pour la conservation des vivres de chaque habitant; enfin, une sorte de soute pour le combustible, avec une réserve pour les instruments et outils sur le derrière.

Tout l'étage supérieur est occupé par le dortoir qui est divisé par des séparations en bois hautes de 1 m. 90 c., en quatorze compartiments de 2 m. 70 c. de long, sur 1 m. 50 c. de large, ayant chacun sa fenêtre et une porte ouvrant sur le corridor intérieur. Le mobilier se compose d'un lit, d'une planche formant table sous la fenêtre, d'un tabouret et d'un coffre à habits. La ventilation de la partie supérieure du dortoir s'opère par des ouvertures pratiquées au-dessus des fenêtres dans la muraille près du pignon.

Le prix du loyer doit en quelque sorte dépendre des circonstances locales; mais on ne peut guère s'attendre à ce que ce confortable relatif puisse être donné à moins de vingt centimes par jour, 1 fr. 40 cent. par semaine. Dans certains endroits 1 fr. 80 ou même 2 fr. 50 ne

seraient pas un prix trop élevé. Il faut exiger rigoureusement un payement exact dans l'intérêt même du locataire. On louerait à la semaine,
afin d'éviter tout gros crédit. Enfin, on imposerait l'observation de certaines règles (1) nécessaires pour maintenir l'ordre et assurer le bien-
être des locataires.

Le prix de revient de ces *cottages*, établis solidement, dans la province ou dans le voisinage de Londres, dépend tellement du prix des
matériaux, de celui de la main-d'œuvre et de celui des transports,
qu'il est difficile de lui assigner un chiffre exact, pouvant servir dans
des circonstances aussi variées. Que chacun publie ce qu'il a observé
sur le prix de revient d'habitations établies d'après les plans de la Société, et ils pourront être utiles aux autres constructeurs de *cottages*.

XV. — Je terminerai les remarques qui précèdent par quelques idées
pratiques sur les points les plus importants qui touchent à la construction de ces demeures.

L'exposition de la façade, quand ce sera possible, devra être au midi.
Il faut éviter que le bâtiment soit entouré de tous côtés de grands ar-
bres, et faire spécialement attention à ne point en poser les fondements
dans un terrain humide. Quand il sera impossible cependant de faire
autrement, il sera nécessaire d'employer des moyens artificiels, comme
une couche de béton de 0 m. 30 c. environ d'épaisseur, ou d'ardoises
dans un lit de ciment, un revêtement d'asphalte donné à la maçonnerie sous le plancher du rez-de-chaussée. Il est également important
d'assurer un complet écoulement des eaux, et de ne pas bâtir trop
loin de quelque bonne source. Un sol de gravier est préférable à un
terrain argileux, et les bas-fonds sont rarement très-sains.

Il est désirable que tout *cottage* soit environné d'un petit jardin fermé,
d'au moins 8 ares, et ait une entrée particulière sur la voie publique.
Un puits pourrait en général être pratiqué pour deux *cottages* ou même
plus; il serait très-important qu'il ne fût pas exposé à être infecté
par les égouts, les fosses d'aisances, ou les réservoirs d'engrais li-
quides. Ces réservoirs devraient être rendus étanches; l'excédant de

______

(1) On trouve à l'appendice, pages 50 et 51, les règlements à observer par le régisseur et les locataires.

dépense serait bientôt couvert par l'énergie fertilisante de l'engrais.

XVI. — Quant aux matériaux pour les murs extérieurs des *cottages*, l'emploi en est modifié suivant les conditions locales, et le plus ou moins de facilité à se les procurer.

Les plans publiés par la Société, ont été, pour les raisons exposées plus haut, préparés pour le cas où il serait fait emploi de briques; mais, une plus grande épaisseur permettra l'usage de toute autre espèce de matériaux. Les murs extérieurs sont fixés à 0 m, 225 millim. d'épaisseur pour ceux en brique, et dans ce cas, il est fortement recommandé, pour éviter l'humidité, d'employer la construction en briques creuses. Il y a à cet effet trois systèmes dont deux exigent pour les matériaux une fabrication spéciale. La première méthode a été employée assez souvent; et à moins que les briques ne soient tellement poreuses qu'elles laissent l'humidité traverser les assises formant parpaing, on trouvera qu'elle répond parfaitement au but proposé et qu'elle rend la construction des murs plus sèche et moins chère en même temps que d'après le système ordinaire. Trois assises et le joint font 0 m. 30 c. d'élévation, chaque brique mesurant 0 m. 87 millim. Elles ont la longueur ordinaire, c'est-à-dire 225 millim.

La seconde méthode est celle des briques creuses cunéiformes reliées longitudinalement de manière à présenter sur toute l'étendue de chaque assise deux cavités parallèles; elle offre une double sécurité contre l'humidité, en ce que les joints sont tous cachés et qu'il n'y a pas de boutisses qui traversent le mur. L'élévation de ces briques est également de trois assises pour 0 m. 30 cent. Elles ont 0 m. 30 c. de long, ce qui diminue le nombre des joints, donne plus de hardiesse à la construction et lui laisse plus de ressemblance avec la pierre de taille. Ces briques sont brevetées; on peut les faire facilement avec toute espèce de machine à tuiles à peu près au même prix que les briques ordinaires; tandis que par leurs dimensions qui n'ajoutent rien au poids et n'augmentent pas le droit, neuf d'entre elles font le même cube de maçonnerie que seize des autres. L'économie de mortier est de 25 pour cent; et la main-d'œuvre pour un ouvrier qui est habitué à s'en servir est beaucoup moins considérable que celle des briques ordinaires. Ajoutons, enfin, qu'elles donnent une facilité bien plus grande pour la ventilation et le chauffage des bâtiments. Enfin, les briques pour encoignures ou montants peuvent être pleines ou creusées perpendiculairement.

Lorsqu'il est impossible de se procurer des briques d'une des deux formes décrites plus haut, on peut construire les murs de 0 m. 275 mil. de large en brique commune selon le plan n° 3, en réservant une cavité de 0 m. 5 c. au centre. Le mur sera ainsi mis à l'abri de l'humidité.

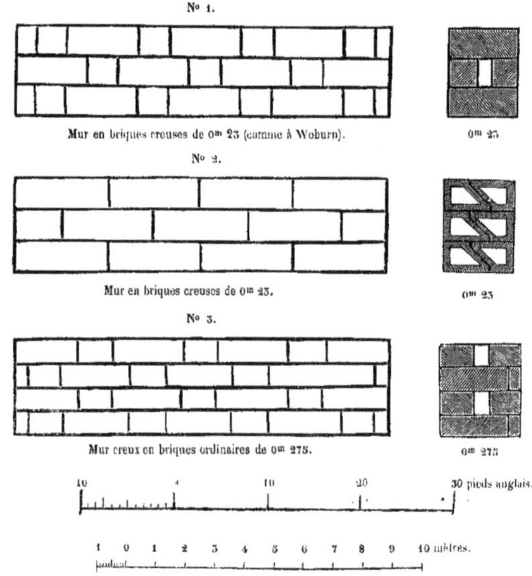

Là où l'on emploie le silex ou le béton, les murs ne peuvent avoir moins de 0 m. 30 c. d'épaisseur; on peut en outre les revêtir (1) de briques creuses qui, en reliant les assises, protégeront, comme nous l'avons dit, les murs contre l'humidité. Les murs de béton sont composés de galet, de chaux et de sable; on les élève sur un *cadre* entre deux planches entre lesquelles on jette le béton; on peut les recouvrir à l'extérieur d'un crépis en mortier, ce qui leur donne un aspect assez propre. Le béton formé de gros galet bien lavé, de sable fin et d'un dixième de ciment de Portland, fait un mur très-solide.

La craie a été employée plusieurs fois avec succès pour les murs des *cottages* dans certains districts. Endurcie par un bain de silicate de potasse, elle devient une ressource précieuse pour la construction. Le procédé de durcissement d'Hutchisson, essayé à Tunbridge-Wells, a produit le même résultat, et peut également s'appliquer au grès tendre, qu'il rend dur et inattaquable par l'humidité. La pierre artificielle de M. Ransome et celle de M. Buckwell sont des combinaisons chimiques de matériaux qui, après une préparation suffisante, peuvent aussi très-bien servir à la construction des *cottages* et de leurs dépendances.

Quand les murs sont de pierre, les dimensions pour les pans extérieurs ne doivent pas être de moins de 0 m. 45 c. d'épaisseur; et, dans ce cas, il leur faut 0 m. 15 c. de plus en hauteur pour conserver les proportions.

XVII. — Les cloisons principales du rez-de-chaussée doivent être en briques; les briques creuses ou les tuiles cannelées de MM. Hertzlet et Broughton, de 0 m. 30 c. carrés, sont d'un emploi économique; dans les deux cas, l'usage des ciments romain ou de Portland ajoute

(1) On avait souvent l'habitude, dans les constructions romaines, de revêtir les murs de pierre brute avec des tuiles. Le Colosseum peut être cité comme un exemple : les murs intérieurs sont en moellons recouverts de tuiles sur lesquelles sont appliquées en dernier lieu des plaques de marbre de différentes couleurs. Dessous ces tuiles sont des conduits de terre cuite portant l'eau jusqu'au sommet de la maison. A Pompéïa on a souvent employé une tuile creuse pour rendre plus sèche la surface d'un mur destiné à recevoir des peintures à fresque. En Angleterre, la taxe des briques est un obstacle sérieux à toute amélioration dans l'emploi de l'argile.

beaucoup à la solidité (1). Quand les cloisons de l'étage supérieur doivent reposer perpendiculairement sur celles du rez-de-chaussée, la brique est décidément préférable au bois. Des cloisons en briques creuses peuvent, dans beaucoup de cas, être montées sur de fortes solives. Les escaliers peuvent aussi être faits, avec avantage, en brique cuite.

Le rez-de-chaussée ne doit pas être élevé de moins de 0 m. 15 c. au-dessus du sol du dehors, et lorsqu'on emploie des parquets de bois, ils doivent être aérés par des orifices pratiqués dans les murs extérieurs.

Le parquet le plus chaud et le plus économique est, sans aucun doute, celui qui est fait en briques creuses (2). Dans quelques parties de la province, on se sert assez généralement de parquets en chaux et sable dont la durée, quand ils sont bien faits, n'est pas moindre de quarante ans. Il n'est peut-être pas inutile de donner la manière de les préparer. On met d'abord une sorte de lit, de 0^m 15 d'épaisseur, composé de galet, de brique cassée et de chaux, le tout bien battu et plan. Dans les lieux humides, on emploie avec avantage un peu de goudron pour ajouter au béton, sur lequel on met ensuite un revêtement de chaux et cendres. Pour le préparer, on prend du sable bien lavé, de manière à ce qu'il ne soit plus mélangé de terre ou de petites pierres; on y ajoute de la cendre de chaux sortant du four, dans la proportion de deux tiers de sable pour un tiers de cendre de chaux. Quand il est possible de se procurer des cendres de forge ou du coke en poudre, il est bon de l'employer pour remplacer un tiers du sable.

(1) Nous ne parlons pas spécialement des murs en terre détrempée de Pisé. Dans plusieurs comtés ils réussissent très-bien, dit-on. L'auteur les a vus beaucoup employer dans le Devonshire; mais il ne saurait les recommander d'une manière générale.

(2. Voir à la page 47, la description de la forme et des dimensions des briques creuses employées à cet usage. A la lecture de cet essai, le capitaine Buller, de la marine royale, rapporta que dans le Devonshire, il y a quelques années, il avait construit pour 2,300 fr. (100 liv. sterl.), une paire de *cottages* en briques creuses contenant chacun deux chambres et une cuisine de 13 pieds carrés, le tout de plain pied. Les murs n'avaient que six pouces d'épaisseur, la brique ayant été employée simple. Bien que parfaitement secs pour le reste, ils laissaient aux joints des briques pénétrer un peu d'humidité. La double assise de briques creuses, décrite page 47, est un remède certain à cet inconvénient.

La durée et la fermeté du plancher s'en trouvent considérablement augmentées. On mêle ensemble le sable et les cendres, on en fait un corps qu'on laisse reposer pendant quinze jours, de manière à ce que la chaux soit parfaitement éteinte. On délaye un peu ce mortier, on en fait un plancher de 0^m 75 d'épaisseur, bien égal, et on le travaille, sans marcher dessus, au moins pendant trois jours, jusqu'à ce qu'il soit devenu solide et résistant. On prend alors un peu d'eau, et on fait disparaître avec une truelle les aspérités qui pourraient rester. Enfin, on tient le parquet ainsi préparé parfaitement propre, et quand il est entièrement sec, on y passe une double couche d'huile de lin, qui lui donne l'aspect de la pierre au lieu de celui du sable. Le prix de ces planchers est par 0^m 83, de 30 centimes pour la main-d'œuvre et de 40 c. pour les matériaux employés.

La tuile (1) est généralement préférable à l'ardoise pour la couverture des toits. Elle est plus chaude en hiver et plus fraîche en été. Elle exige moins de plomb et présente plus d'économie. Dans quelques localités, cependant, il vaut mieux employer l'ardoise.

XVIII. — On se procurera une bonne ventilation au moyen d'un tuyau à air de 0^m 225 sur 0^m 112, pratiqué dans un des chambranles de la cheminée du rez-de-chaussée, prenant naissance au-dessous du niveau du plancher, communiquant avec le tuyau de la cheminée de la chambre à coucher par une ouverture pratiquée immédiatement au-dessous du plafond de la chambre commune, et munie d'une plaque de zinc à jour. La chambre à coucher au-dessus de la chambre commune peut être aérée et réchauffée à la fois par un tuyau de 0^m 062 de diamètre, traversant le tuyau de la cheminée depuis le foyer du rez-de-chaussée et débouchant dans le haut de la chambre à coucher. La partie inférieure de ce tube peut, au besoin, faire l'office de ventouse pour le foyer de la pièce commune. Les chambres à coucher sans cheminée devront avoir une ouverture pratiquée dans la cloison, au-dessus de la porte, munie d'un ventilateur de zinc à jour ;

____

(1) Les tuiles bleues des manufactures de Staffordshire sont au nombre des matériaux les plus durables pour les toits.

ou bien encore, un tube à air montant jusqu'au toit et recourbé à son extrémité.

Les fenêtres devront avoir des châssis de bois taillés en chanfrein avec des appuis en chêne posés sur des appuis en brique ou en pierre formant saillie. Elles seront munies de châssis en zinc, ouvrant en dehors, avec un système de ferrure solide pour les arrêter. Les volets du rez-de-chaussée devront être disposés de manière à servir de table en se rabattant.

On omet souvent de mettre une couche de plâtre sur les murs intérieurs des *cottages*. C'est là une très-faible économie. Il faut, en effet, donner plus de soin à la pose des briques, et l'aspect en est certainement beaucoup moins convenable. Si on y fixe une plinthe, qu'en dessous on crépisse le mur en ciment et qu'on enduise par-dessus avec un mélange de sable et de chaux, l'entretien annuel n'exigera presque aucun frais. Il est inutile d'enduire de plâtre les murs du rez-de-chaussée, excepté ceux de la pièce où l'on se tient, et peut-être de l'entrée. Il résulterait un grand bien de l'adoption générale du système suivi par le duc de Bedford, et qui consiste à badigeonner à la chaux les *cottages* une fois par an, en mettant la dépense à la charge du locataire.

Au lieu de recevoir l'eau de pluie des gouttières dans des tonneaux de bois, il vaut bien mieux pratiquer entre deux *cottages* une citerne ovale, de 2^m 13 sur 1^m 22 de diamètre et de 1^m 67 de profondeur, divisée en deux compartiments avec un couvercle de chêne par-dessus. L'eau y sera amenée des gouttières par des conduits de terre cuite de 0^m 10 de diamètre.

Les conduits d'écoulement de quelque longueur pour les immondices ne devront pas avoir moins de 0^m 15 de diamètre.

Lorsque les cabinets d'aisance sont placés à l'intérieur de la maison, avec entrée extérieure, il est important d'employer des tuyaux pour conduire les matières dans une fosse ou un réservoir à engrais liquide, en dehors du bâtiment. Il est possible d'améliorer cette disposition à peu de frais, en amenant de l'eau dans un petit réservoir disposé au-dessus du siége, au moyen de la pompe placée dans la dépense. Ces réservoirs peuvent être en fonte ou en terre cuite.

Quand il est difficile de masquer les cabinets d'aisance élevés en dehors de la maison, on emploie souvent, avec succès, un moyen qui consiste à simuler une pile de bois à brûler en recouvrant la construction de pièces de sapin fendu placées horizontalement ; on cloue des rondelles de bois aux extrémités de chaque rangée. L'intérieur du cabinet peut être en brique et la toiture en ardoise ou en zinc un peu fort. Pour les constructions de ce genre et pour toutes celles que l'on est obligé de faire extérieurement, on emploie avec avantage la brique creuse commune, de 0^m12 ou 0^m15 de large, et la tuile de Hertzlet, qui, au besoin, forme une couverture économique et présente tout à fait l'aspect de la pierre.

La brique creuse pour murs d'enceinte ou de séparation serait beaucoup plus durable, et, dans un grand nombre de cas, elle se livre presque à aussi bon marché que les clôtures de bois.

En terminant ces observations sur les moyens d'amélioration pour les demeures des classes ouvrières, qu'il me soit permis d'ajouter que ce serait pour moi un sujet permanent de satisfaction, si les architectes anglais en pouvaient retirer quelque fruit. Puissent-elles servir à diminuer les obstacles qui opposent de si formidables barrières à tout progrès social et religieux dans cette classe si nombreuse et si méritante de la communauté.

Celui qui contribue au bien-être de ses semblables, dans un but de glorification pour la Providence, se crée un bonheur durable, que la poursuite de la richesse, le culte de la renommée, ou la recherche de plaisirs futiles, sont impuissants à lui procurer.

NOTES

SUR LA PRÉPARATION DE MATÉRIAUX IMPERMÉABLES.

Le traducteur de cet ouvrage, en le livrant aux méditations des architectes et des ingénieurs français, est convaincu qu'il leur sera surtout utile en fixant leur attention sur le but. Il sait que leur habileté pratique, tenant compte des différences de climat, de matériaux et de mœurs, trouvera pour l'atteindre des moyens que l'architecte anglais n'a pu indiquer, tandis que ceux qu'il préconise peuvent être inapplicables dans notre pays.

Mais, il est un point sur lequel nous serons tous d'accord, c'est qu'il y a nécessité d'assainir les habitations d'ouvriers, et que pour y arriver il faut créer à bon marché des matériaux de constructions imperméables, ou trouver moyen de rendre imperméables les matériaux poreux.

Les anglais ont mis à profit la craie durcie par un bain de silicate de potasse, selon le procédé de notre savant compatriote, M. Kulhmann.

Il est hors de doute que les mortiers hydrauliques de M. Vicat, peuvent être utilisés dans ce but avec efficacité.

Nous avons vu à l'exposition dernière le ciment de fer de M. Chenot, qui mérite d'être essayé dans cette direction avec la plus grande persévérance.

C'est assez pour montrer que la chimie et l'art des constructions se donnant la main dans ce but de philanthropie éclairée, il est possible de mettre partout les créatures humaines à l'abri de cette longue et cruelle influence de l'humidité, qui contribue plus que toute autre cause à créer des races abâtardies par le scrofule et décimées par la phthisie.

SUR LA FORME ET L'EMPLOI DES BRIQUES CREUSES.

L'importance de l'emploi des briques creuses dans la construction de demeures pour les classes ouvrières exige quelques observations. Tous ceux qui ont une connaissance quelconque des maisons de construction légère savent combien elles sont exposées à l'humidité extérieure. Tout moyen qui, sans ajouter à la dépense, ou même en la diminuant, peut servir à préserver de cette humidité, doit donc être regardé comme un grand bienfait par le propriétaire et par le locataire de ces habitations. Or, l'emploi, dans les travaux d'architecture, de l'argile façonnée sous diverses formes concaves, est dans ce cas. Déjà connu des anciens et adopté par eux pour alléger le poids des voûtes d'une portée considérable, il a été rajeuni, de nos jours, soit dans cette même intention, comme on l'a fait en France, soit aussi comme moyen d'assainissement, ce qu'on a pratiqué en Angleterre.

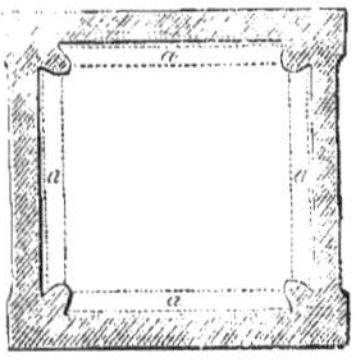

Outre la brique creuse brevetée dont l'application à la construction des murs a été longuement expliquée, il peut être utile de représenter la brique creuse décrite par M. Rawlinson, ingénieur civil, qui, s'étant beaucoup occupé de ces questions, lui reconnaît beaucoup d'avantages, et assure qu'elle peut être moulée aussi facilement que toute autre brique de forme différente. Les *nervures* des angles à l'intérieur donnent plus de force et de surface à cette portion du joint, et permettent d'introduire sur un ou plusieurs des côtés, des *doublures* d'ardoise ou de tuile pour fermer les joints. De cette manière il peut être établi un tube continu parfaitement clos.

Deux des faces extérieures sont unies et planes, deux sont en partie *démaigries*. Ces dernières sont destinées à former les *lits* et les joints. Cette légère dépression, d'environ 0^m0016^m, doit servir à soulager la partie la plus mince de la brique de toute surcharge pour la reporter sur les parties solides, ainsi qu'à former avec le ciment ou mortier une légère *clef ou doublure*.

Les *doublures* ne seront nécessaires que pour les surfaces les plus exposées, ou bien lorsqu'il y aura besoin de convertir une assise en un tuyau continu pour ventilation, ou pour tout autre objet.

Pour les cloisons ou pour le revêtement des murs extérieurs, quand on emploiera une couche de plâtre, l'usage des doublures sera inutile.

Bien que la figure représente cette brique carrée, on peut très-facilement avec la machine lui donner telle autre forme que l'on désire. On peut en faire de 0^m11 ou de 0^m15 carrés. On peut percer ces briques à volonté pour servir à la ventilation, en pratiquant l'espèce d'ouverture qu'on désire dans l'argile lorsqu'elle est un peu sèche, mais avant de la faire cuire. A la partie inférieure des voûtes, chaque brique pourra être percée de trous ou de fentes et si on a eu soin de mettre l'extrémité ouverte des briques en communication avec un ou plusieurs tuyaux, on obtiendra ainsi une ventilation bien répartie. Le comte Grey a couvert une étable à Howick avec une voûte en arc de cercle faite de briques de ce genre, reposant sur assises de pierres, reliée de 3 en 3 mètres par des tirans en fer de 0^m019^m de diamètre, fendus et scellés dans les pierres de taille. L'extrados de la voûte est couvert d'un revêtement d'asphalte.

M. Rawlinson affirme que la brique creuse, non-seulement offre de grandes facilités à l'architecte, mais que la fabrication peut s'en faire à meilleur compte que celle des briques ordinaires et demande beaucoup moins d'argile. La matière en est plus belle, plus dense, et beaucoup mieux cuite, le feu ayant agi sur la surface à l'intérieur et à l'extérieur. Les briques creuses ont moins besoin d'être séchées que les autres; elles demandent aussi un feu moins vif pour les faire cuire. Leur transport est plus facile. C'est donc la matière la moins dispendieuse pour construire les planchers et cloisons à l'épreuve du feu. Les briques creuses peuvent remplacer les lattis dans le revêtement des murs extérieurs; on évite ainsi la pourriture sèche. Pour les serres chaudes, on les emploie avec un grand avantage; la chaleur pouvant être conduite à travers toutes les parties des murs et planchers. On peut les couper à toute longueur, comme les briques ordinaires. Il suffit pour cela d'avoir un marteau un peu tranchant pour les frapper à l'endroit où l'on désire les couper; elles se sépareront juste à la ligne que l'on aura tracée. On peut encore faire une légère marque de coupe dans la brique avant de la cuire, ce qui permettra ensuite de la diviser avec la plus grande facilité. Quand on doit plus tard les recouvrir de plâtre, ainsi que cela est nécessaire pour les cloisons intérieures ou les plafonds, les côtés en peuvent être striés ou dentelés, ce qui rendra l'adhésion du plâtre plus facile que sur la brique ordinaire.

Les tuiles creuses, ou briques pour carrelage de *cottages*, peuvent sans difficulté se faire avec trois côtés de 0^m019 d'épaisseur, et le côté supérieur de 0^m038. Des briques de 0^m11 de large, 0^m098 de haut, et 0^m23 de long, rempliront parfaitement cet objet

La brique creuse de dimension ordinaire peut être fabriquée avec toute espèce de machine à pétrir ou manier l'argile. Un homme et un enfant peuvent faire aisément par jour 2,000 de celles qui sont brevetées, et qui mesurent environ 0^m098 de haut, 0^m14 de large et 0^m30 de long. C'est une forme très-commode pour celui qui la fait et pour celui qui l'emploie; elle rend les briques moins susceptibles de détérioration dans le transport que lorsqu'elles sont de plus fortes dimensions.

DEVOIRS DU RÉGISSEUR

D'UNE MAISON GARNIE POUR OUVRIERS NON MARIÉS.

Le régisseur et sa femme doivent donner l'exemple de la sobriété, des convenances et de la bonne conduite, en s'abstenant de tout ce qui pourrait encourager chez les locataires une infraction au règlement général de la maison.

Il doit fidèlement tenir compte de l'argent reçu des locataires par lui et sa femme, au moment et de la manière exigée par le propriétaire de la maison.

Il doit tenir un livre sur lequel, indépendamment d'une inscription régulière mentionnant les noms, la durée du séjour du locataire, et les sommes payées par lui, il notera toutes les circonstances particulières qui pourront se présenter, plaintes ou autres.

Le Régisseur occupera, sans payer de loyer, l'appartement affecté à son usage ; il sera fourni de combustible, chandelles, sel, savon et autres articles indispensables à la bonne tenue de la maison.

Il est responsable des lits, literies, meubles, et autres effets mobiliers, et tenu d'empêcher, autant qu'il sera en son pouvoir, qu'il n'y soit fait, ainsi qu'au bâtiment, aucune dégradation.

Il doit, de concert avec sa femme, entretenir dans un parfait état de propreté, la maison et les meubles, et diriger de son mieux l'établissement suivant les règles fixées, indépendamment des instructions suivantes, qui doivent être soigneusement observées.

1° Il ne sera admis aucun locataire de mauvaise réputation et d'une malpropreté évidente.

2° Bien que la règle de la maison soit que tout locataire paye d'avance, cependant, comme de temps à autre, il peut arriver que des locataires favorablement connus du régisseur, soient, faute de travail, ou pour d'autres motifs, dans l'impossibilité de payer sur-le-champ, il pourra leur être fait crédit pour deux semaines au plus ; et jamais en aucune circonstance cette faveur ne pourra être étendue au delà de la troisième semaine. L'arriéré sera acquitté graduellement, mais dans le délai le plus court possible cependant.

Quant au congé à donner avant de quitter la maison, bien que le locataire soit à la semaine, si une circonstance particulière et imprévue exige un départ précipité, ou si encore le locataire est depuis trois mois dans la maison, ses avances pourront lui être restituées.

4° Le régisseur doit exiger des locataires la stricte observation du règlement auquel ils se soumettent en entrant ; et dans l'exécution de cette partie assez difficile de ses devoirs, il doit allier la fermeté à la bienveillance, et s'abstenir de toute intervention inutile ou vexatoire pour les locataires.

5° Il doit observer une sévère économie dans l'administration de la maison, de manière à empêcher tout gaspillage des articles fournis aux locataires, et qui comprennent le combustible, la chandelle, le sel, et le savon.

6° Quant aux livres confiés à ses soins, le régisseur doit en tenir un catalogue, inscrire régulièrement le nom de chaque locataire à qui il les prête, et vérifier s'ils lui sont rendus en bon état.

RÈGLEMENT D'UNE MAISON GARNIE POUR OUVRIERS NON MARIÉS.

Les locataires sont admis à la semaine moyennant   par semaine payés d'avance, et sont soumis aux règles ci-dessous établies pour la commodité générale et le bon ordre de l'établissement.

1° La maison est ouverte depuis cinq heures le matin jusqu'à dix le soir, sauf modifications suivant la saison et les occupations des locataires.

2° La lampe dans la chambre à coucher doit être allumée depuis neuf heures du soir jusqu'à dix et demie, heure à laquelle on doit l'éteindre.

3° Comme la location est à la semaine, chaque locataire doit donner congé au régisseur deux jours au moins avant la fin de la semaine, s'il n'a pas l'intention de rester après. Dans le cas contraire, il sera regardé comme devant continuer son séjour.

4° Chaque locataire sera fourni d'un coffre fermant à clef pour la sûreté de ce qu'il possède; la clef lui en sera confiée sur dépôt d'un shilling (1 fr. 25 c.) qui lui sera restitué quand il remettra la clef. Tout ce qui appartient aux locataires reste à leurs soins et à leurs risques et périls.

5° Chaque locataire sera fourni d'un plateau, de deux assiettes, d'une cuvette, d'une tasse avec sa soucoupe, ou d'un tasse de métal, d'un couteau, d'une fourchette et de deux cuillers, le tout confié à ses soins, et devant être rendu par lui en bon état au régisseur quand il quittera la maison.

6° Toute dégradation de la propriété mobilière et immobilière de l'établissement est sévèrement interdite, et il est particulièrement défendu de couper les tables, chaises, ou autres objets, d'écrire dessus et de charbonner les murs. Toute détérioration faite par le locataire sera mise à sa charge; les objets qui lui seront confiés pour son usage, qui seraient brisés ou perdus, seront remplacés à ses frais.

7° Il ne peut être introduit ni bu aucune liqueur spiritueuse dans la maison. Il n'y sera admis ni toléré aucun individu en état d'ivresse. L'entrée de la maison est interdite aux étrangers, excepté avec la permission du régisseur.

8° Les jeux de hasard, de cartes, les querelles, les rixes, les propos licencieux ou profanes sont interdits. Le régisseur et sa femme doivent être traités avec respect. Leur devoir d'assurer le confortable des locataires, consiste à maintenir la stricte observation du règlement.

9° On attend des locataires des habitudes de propreté, et toute personne coupable d'infractions à cet égard, ou qui serait une cause de désagréments pour les autres, sera exclue de la maison. Il est défendu de fumer dans la chambre commune ou dans le dortoir; on ne le tolère que dans la cuisine.

10° La violation volontaire de toute partie de ce règlement entraînera pour le délinquant l'exclusion immédiate. L'argent qu'il aurait déposé d'avance lui sera rendu, déduction faite du loyer échu, et du montant des dégradations qu'il aurait pu commettre.

11° On attend le dimanche de tout locataire une conduite convenable pour un jour consacré.

12° *Les Saintes Écritures* et d'autres livres intéressants et instructifs, seront prêtés par le régisseur, dans l'espoir que les locataires emploieront leurs heures de loisir d'une manière utile, comme il convient à des êtres intelligents et raisonnables.

TERMES ET CONDITIONS POUR LA LOCATION DES COTTAGES.

Termes et conditions pour la location des cottages appartenant à
, situés dans la paroisse de
comté de   .

1° Le montant du loyer tel qu'il sera convenu sera payé exactement.

2° Tous les impôts et taxes du bâtiment seront acquittés par le propriétaire.

3° Chacune des parties peut terminer le bail à volonté en donnant, une semaine à l'avance, avis de sa résolution.

4° Il n'est permis qu'à une seule famille d'habiter un cottage. Il lui est défendu de sous-louer, de prendre un locataire ou d'exercer un commerce ou une industrie quelconque, d'élever des volailles ou des porcs, sans avoir au préalable obtenu l'autorisation par écrit du propriétaire ou de son agent.

5° Les fenêtres doivent être tenues propres, et les cheminées du rez-de-chaussée ramonées une fois tous les six mois. Aucun changement, consistant à placer ou déplacer des rayons ou autres objets ne sera fait sans la permission du propriétaire ou de son agent.

6° Les grosses réparations à l'extérieur seront supportées par le propriétaire.

7° Les dépenses pour réparations aux fenêtres, fours, chaudières, sont faites par le propriétaire et remboursées par le locataire, ainsi que le badigeonnage annuel, et les dommages faits aux plâtres.

8° Les clôtures sont réparées par les propriétaires; la dépense lui sera remboursée proportionnellement par les différents locataires occupant les cottages entourés par ces clôtures.

9° Les remboursements convenus dans les articles 7 et 8 ci-dessus seront faits à l'agent du propriétaire et dans la semaine qui suivra sa demande.

10° Le locataire doit, chaque semaine, enlever les cendres, fumiers, etc., qui pourraient avoir été déposés près de l'habitation.

11° Le jardin devant le cottage doit être tenu en bon état, et l'habitation elle-même doit toujours être propre, et à la satisfaction du propriétaire ou de son agent.

12° L'entrée du cottage doit être en tout temps laissée libre au propriétaire, à ses agent, ouvriers ou serviteurs.

FORME DU BAIL.

——————————————— convient par le présent acte avec ——————————————— de louer le cottage ——————————————— à la semaine, et au prix par semaine de ——————— qui sera payé par ledit ——————————————— audit ——————————— à la fin de chaque semaine, et conformément aux termes et conditions ci-dessus relatés.

En foi de quoi ont signé, ce ——————— jour de ————— 185

Signé ———————————————

EXPLICATION

DU

PLAN DE LA VUE DES BATIMENTS MODÈLES

PRÈS BAGNIGGE WELLS

ENTRE LOWER-ROAD, PENTONVILLE ET GRAY'S INN ROAD.

Les six maisons, nᵒˢ 1, 2, 4, 5, 10, 11, sont les résidences de douze familles, occupant chacune un étage composé de deux pièces dont la plus grande a 4ᵐ05 sur 3ᵐ, la plus petite, 3ᵐ15 sur 2ᵐ25. Commodités distinctes pour chaque famille ; escalier indépendant pour l'étage supérieur.

Les huit maisons nᵒˢ 6, 7, 8, 9, 12, 13, 14, 15, servent de résidence à huit familles, ayant chacune, au rez-de-chaussée, une chambre commune de 4ᵐ11 sur 3ᵐ80, avec vestibule, cabinet fermé pour lits, lieux et dépense sous l'escalier avec une petite cour. L'étage supérieur, comme on le voit par les nᵒˢ 12, 13, 14, 15, comprend deux chambres à coucher dont la plus grande a 3ᵐ80 sur 3ᵐ15 ; la plus petite, 4ᵐ sur 2ᵐ25.

La maison nᵒ 13 est destinée à loger trente veuves ou femmes âgées, ayant chacune une chambre de 3ᵐ80 sur 2ᵐ58, donnant sur un corridor éclairé et aéré par le milieu et par deux extrémités. Au nᵒ 4 se trouve sur le derrière un lavoir servant aux habitants de cette maison et à ceux des habitations voisines.

Des maisons supplémentaires, pouvant contenir trois familles, ont été élevées du côté Est de ce terrain, en face l'entrée, mais elles ne sont pas indiquées sur le plan.

TABLE DES MATIÈRES.

Paris. — Typographie Dondey-Dupré, rue Saint-Louis, 46, au Marais.

VUE DES BATIMENTS MODÉLES PRÉS BACNIGGE VELLS.

entre Lower Road, Pentonville et Gray's Inn Road.

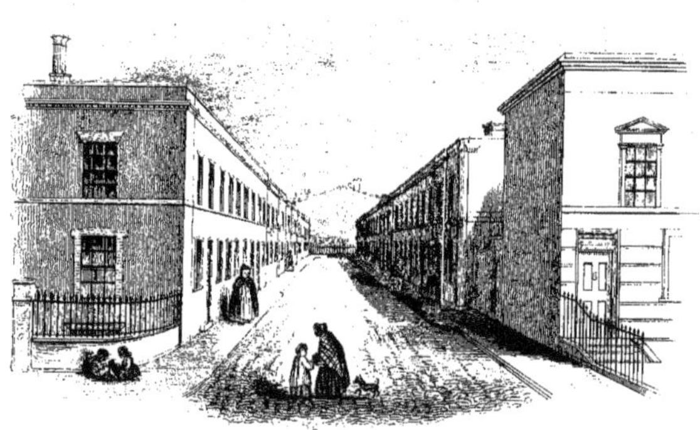

DERRIERE DES MAISONS SUR LOWER ROAD PENTONVILLE.

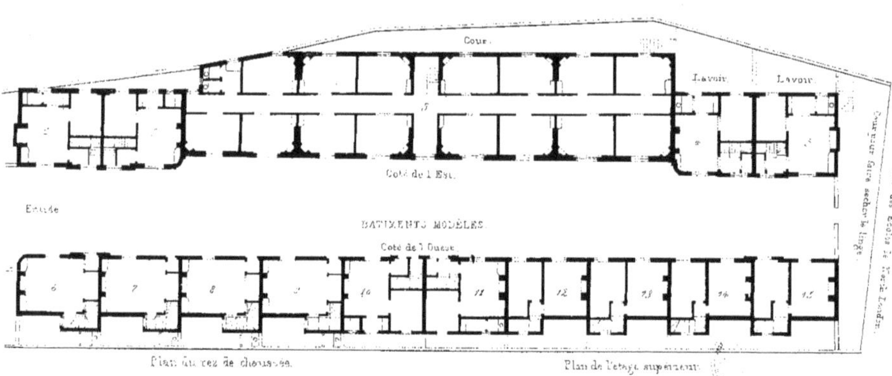

HABITATIONS D'OUVRIERS POUR DES VILLES

construites par pairs ou rangées.

PLANS DE DOUBLES MAISONS POUR UNE FAMILLE CHAQUE

Plan du Premier étage.

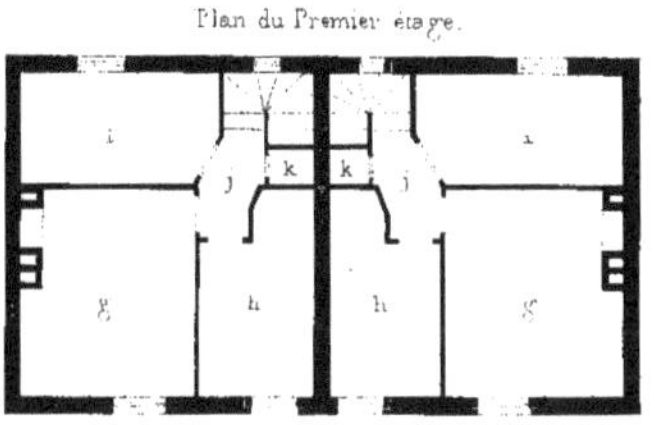

g Chambre à coucher des parents.   i Chambre à coucher des garçons.
h Chambre à coucher des filles.   j Passage.   k Escalier.

Plan du rez de chaussée.

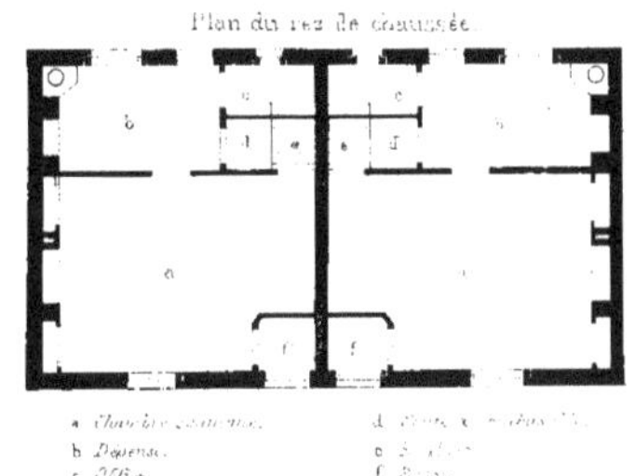

a Chambre commune.   d Chambre à coucher.
b Dépense.   e Escalier.
c Office.   f Passage.

PLAN DE DOUBLES MAISONS AVEC QUATRE APPARTEMENTS DISTINCTS POUR DEUX ÉTAGES

l'étage supérieur étant desservi par un escalier ouvert.

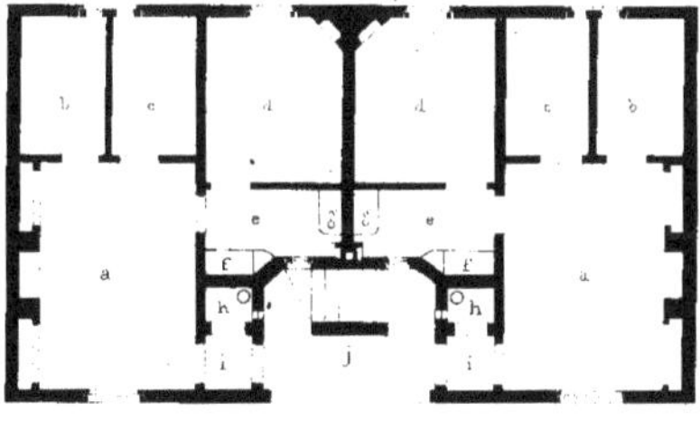

a Chambre commune.   e Dépense.   h Cabinet d'aisance.
b Dépense.   c Office.   f Garde manger.   i Vestibule.
d Chambre à coucher.   g Passage.   j Escalier.

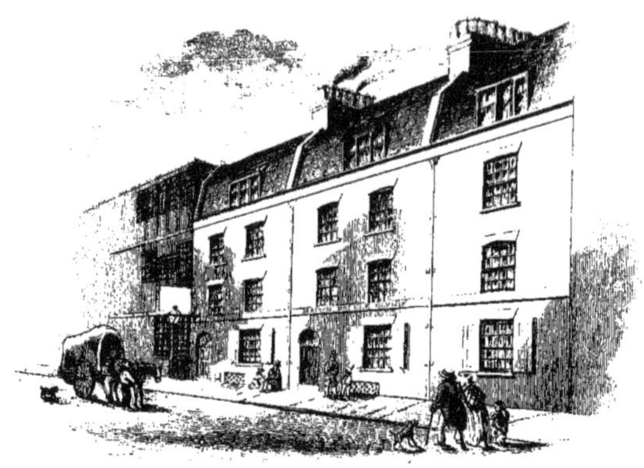

MAISON GARNIE RESTAURÉE DE CHARLES STREET, DRURY-LANE.

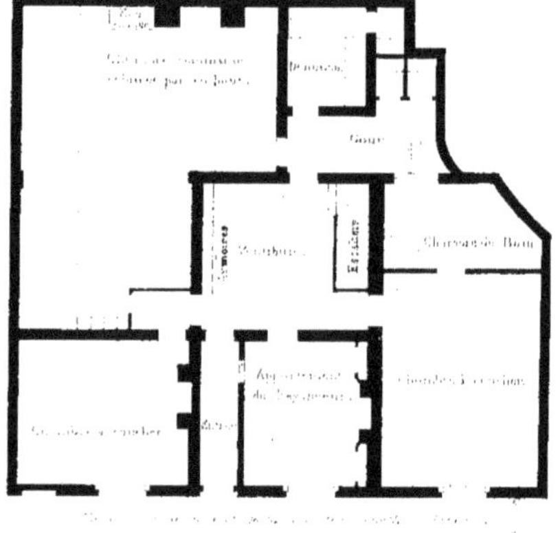

PLAN DU REZ-DE-CHAUSSÉE DE LA MAISON GARNIE RESTAURÉE DE CHARLES STREET, DRURY-LANE.

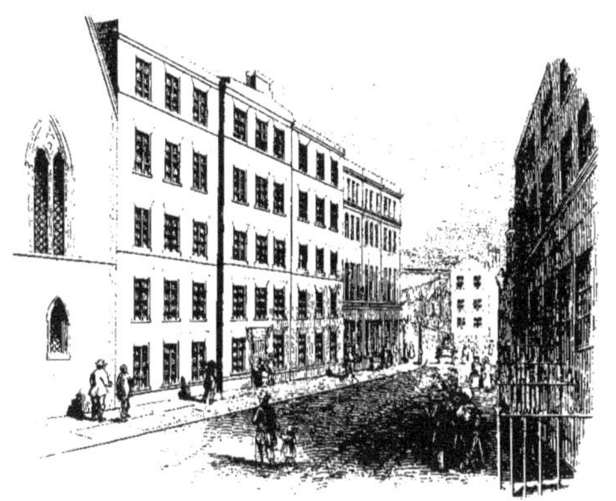

PLAN DE LA MAISON GARNIE MODÈLE N° 76 HAUT DE GARDEN

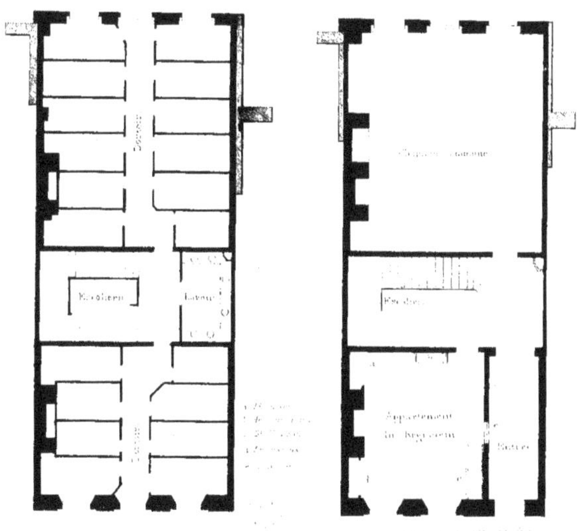

MAISON MODÈLE GARNIE DANS GREAT CORAM STREET, BLOOMSBURY

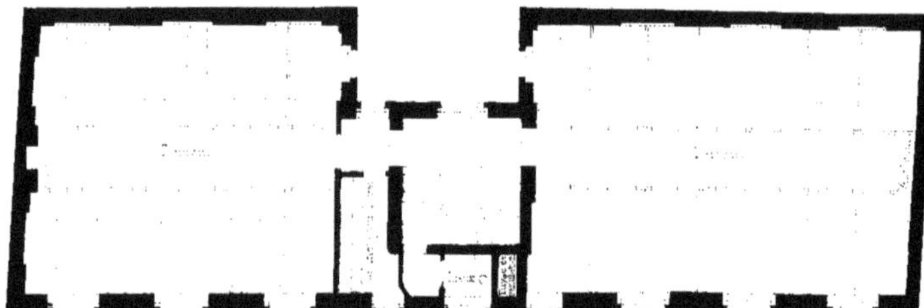

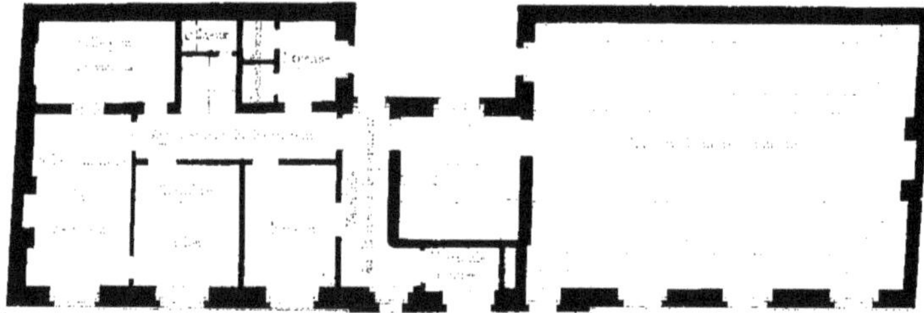

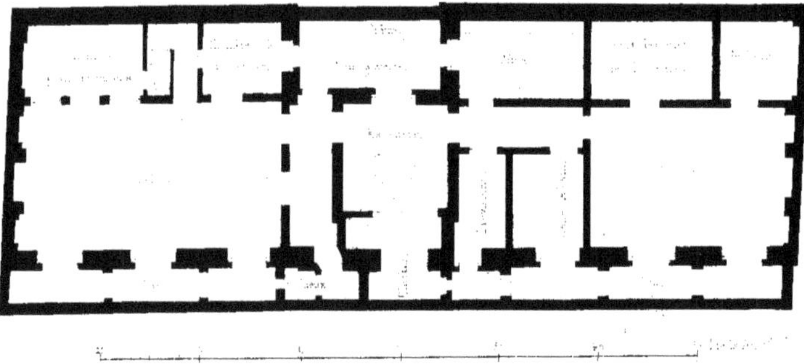

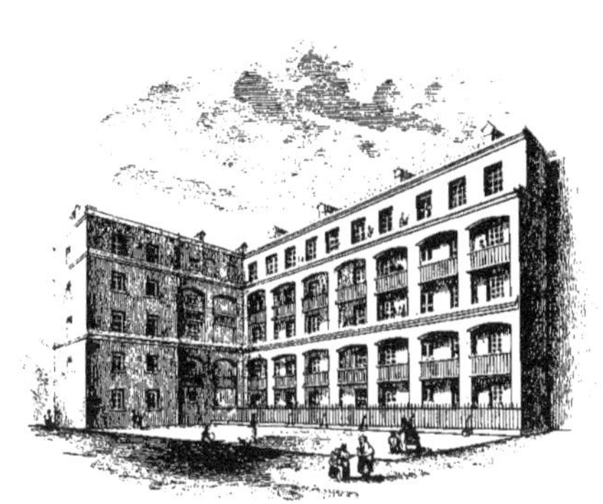

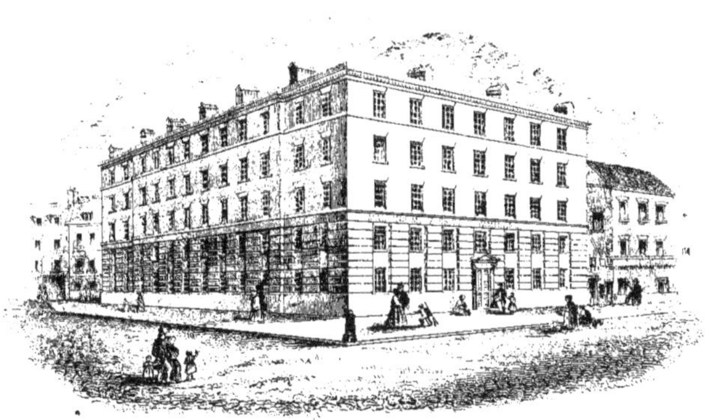

MAISONS MODÈLES POUR FAMILLES DANS STREATHAM STREET, BLOOMSBURY.

Pouvant recevoir 48 familles, avec ateliers dans le soubassement.

Plan des étages supérieurs.

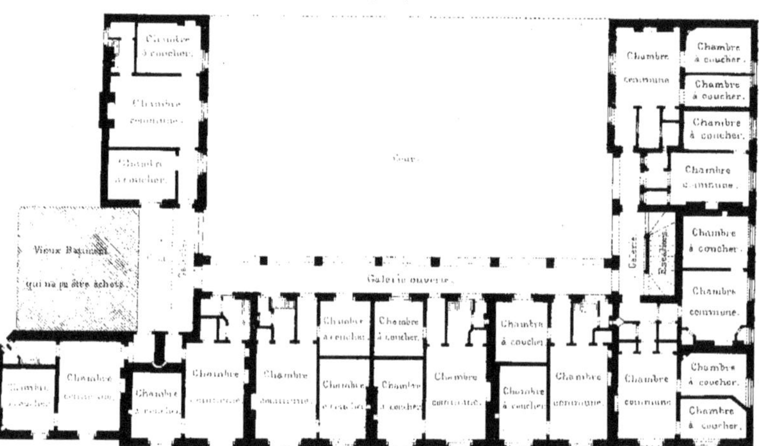

Plan du rez-de-chaussée.

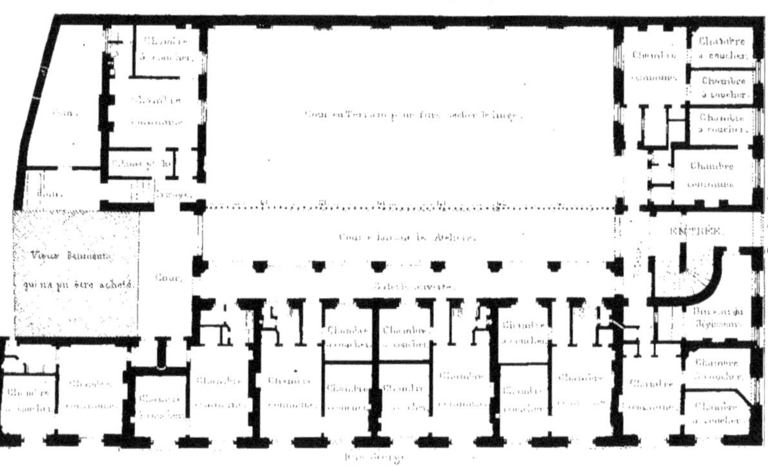

PLAN DE DEUX LOGEMENTS DANS LES MAISONS MODÈLES.

POUR FAMILLES DE STREATHAM STREET

Construites par la société d'amélioration du sort des classes ouvrières.

PLAN DE DEUX LOGEMENTS DANS LES MAISONS D'OUVRIERS.

POUR FAMILLES D'ASHLEY,

Construites par l'Association Metropolitaine.

PLAN DE DEUX LOGEMENTS DANS LES MAISONS D'OUVRIERS,

A BIRKENHEAD,

Construites par la Compagnie des Docks de Birkenhead.

PLAN DE DEUX LOGEMENTS DANS LES MAISONS D'OUVRIERS

POUR FAMILLES SEULES,

Construites par l'Association Metropolitaine.

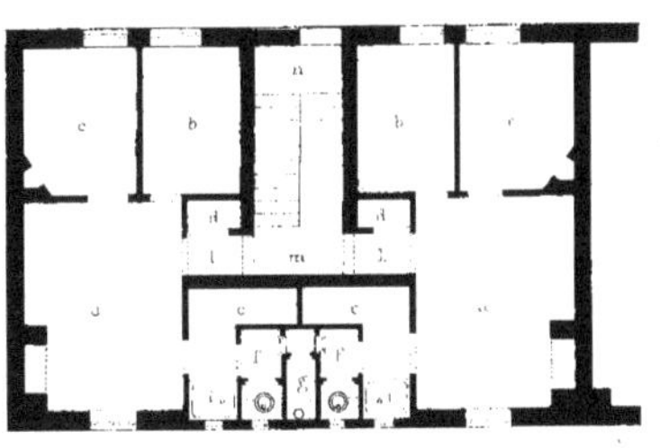

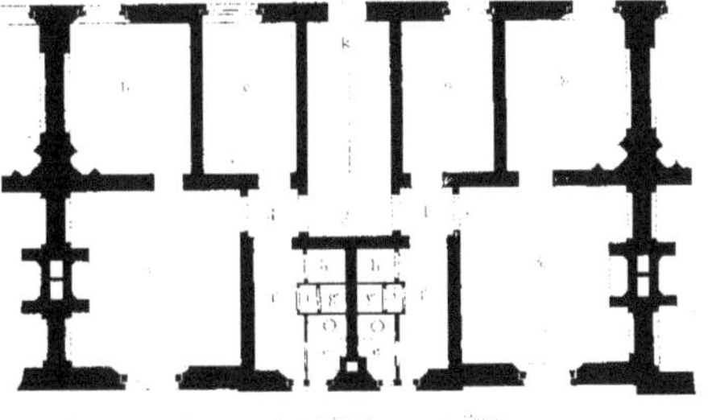

ASILE DES MARINS SANS RESSOURCES
DOCK STREET LONDON DOCK

ÉLÉVATION.

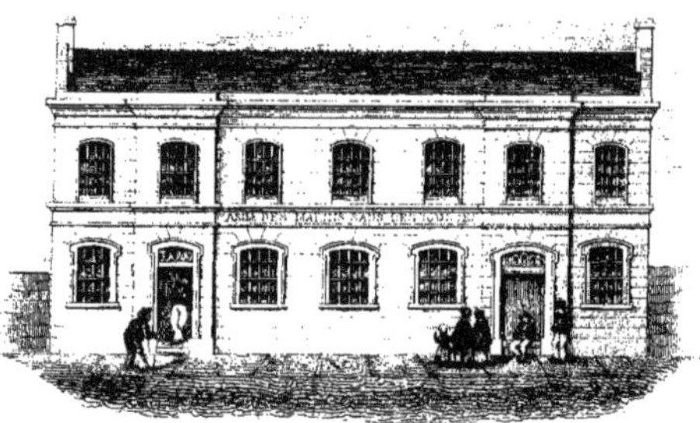

PLAN DE L'ÉTAGE DU 1.er JOUR.

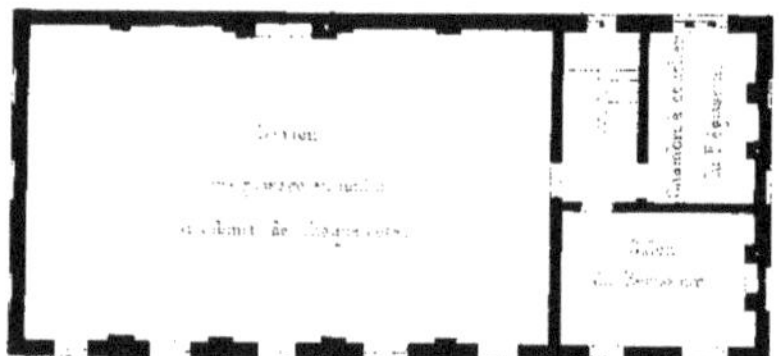

Le toit ne s'étend au dessus des appartements du régisseur et est servi par ses deux
extrémités. Avec un étage de plus ce bâtiment pourrait loger 150 personnes.

PLAN DU REZ DE CHAUSSÉE.

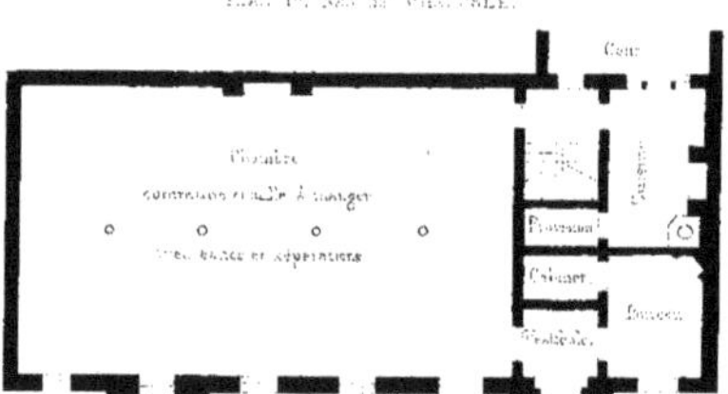

Il y a dans la cour un lavoir, un séchoir avec une salle de bain etc.e etc.e

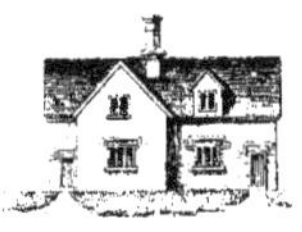

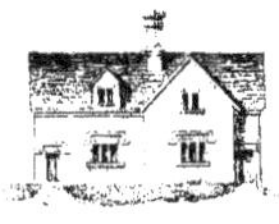

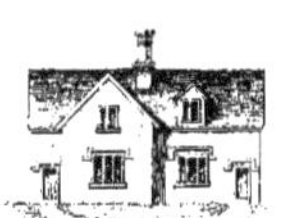

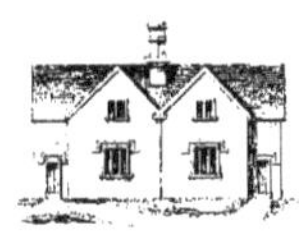

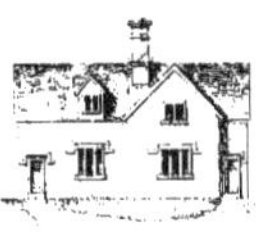

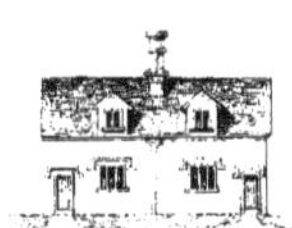

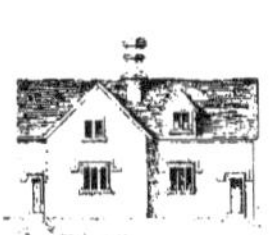

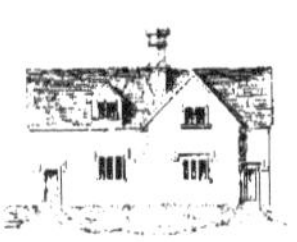

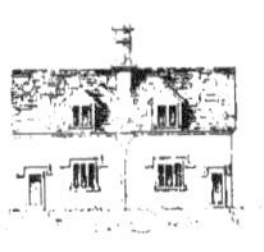

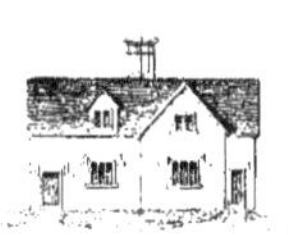

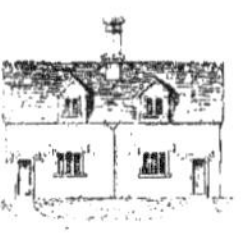

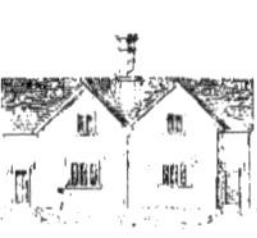

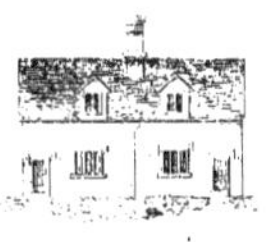

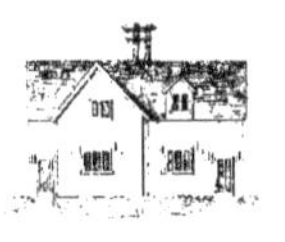

Pieds Anglais.
Mètres.

ÉLÉVATION DE FACE.   ÉLÉVATION DE FACE.

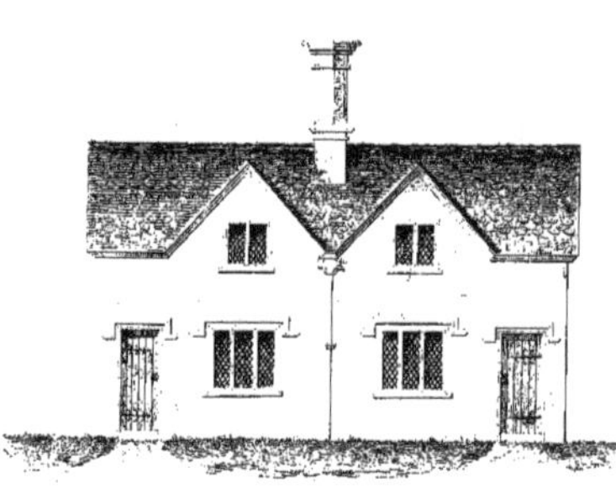

PLAN DE L'ÉTAGE SUPÉRIEUR.   PLAN DE L'ÉTAGE SUPÉRIEUR.

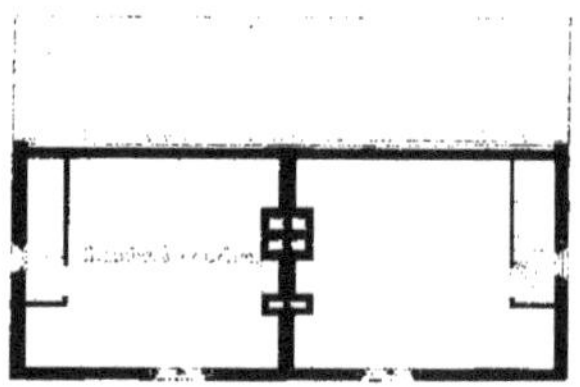
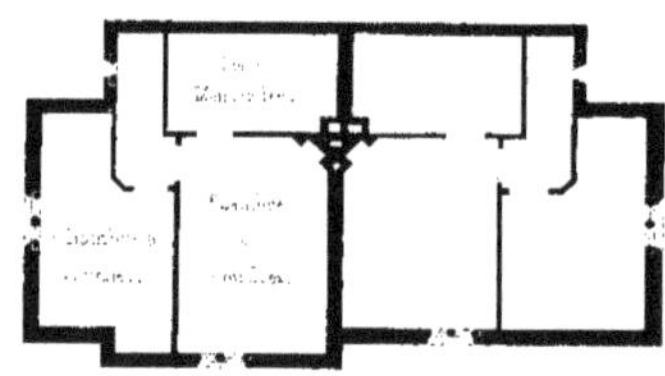

PLAN DU REZ DE CHAUSSÉE.   PLAN DU REZ DE CHAUSSÉE.

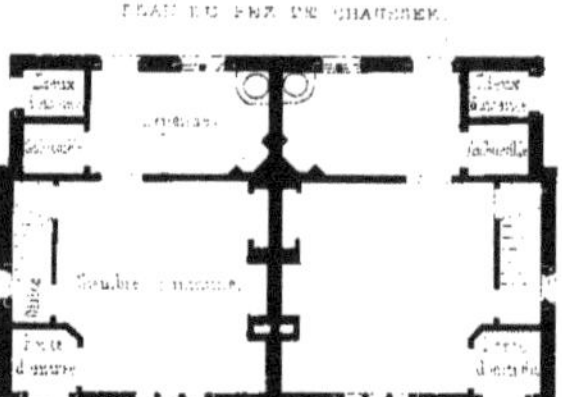
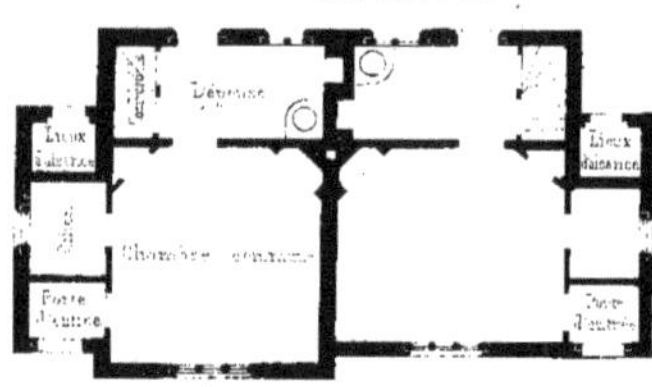

ÉLÉVATION DE FACE.

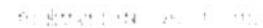

ÉLÉVATION DE FACE.

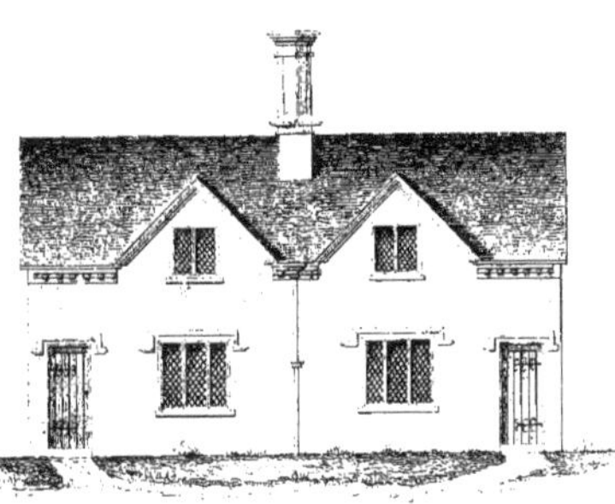
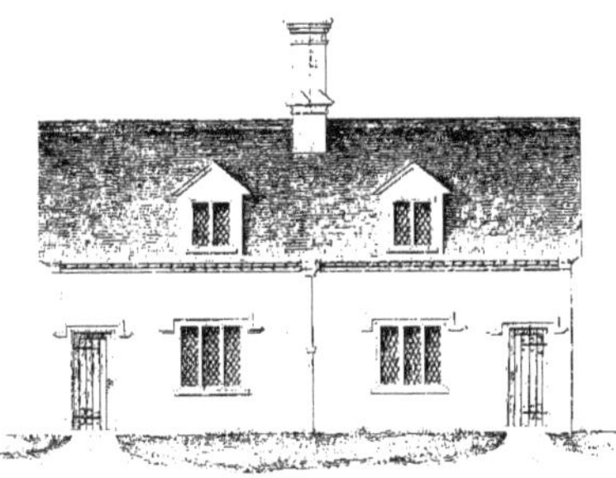

PLAN DE L'ÉTAGE SUPÉRIEUR.

PLAN DE L'ÉTAGE SUPÉRIEUR.

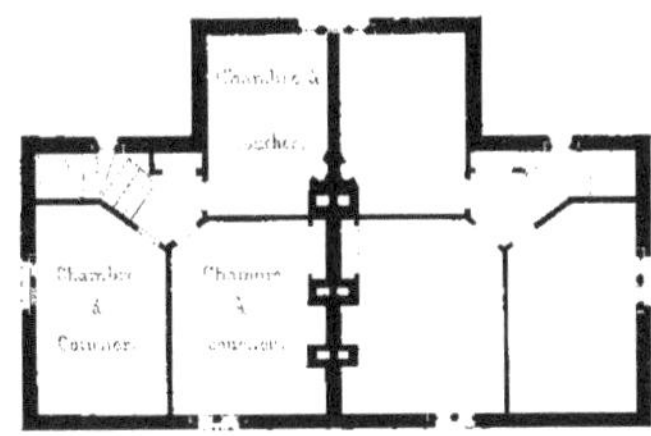

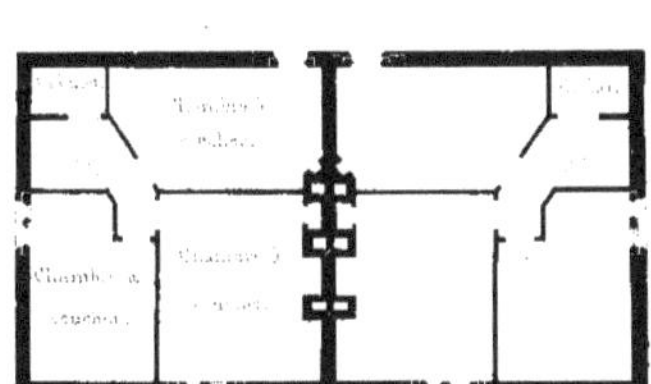

PLAN DU REZ DE CHAUSSÉE.

PLAN DU REZ DE CHAUSSÉE.

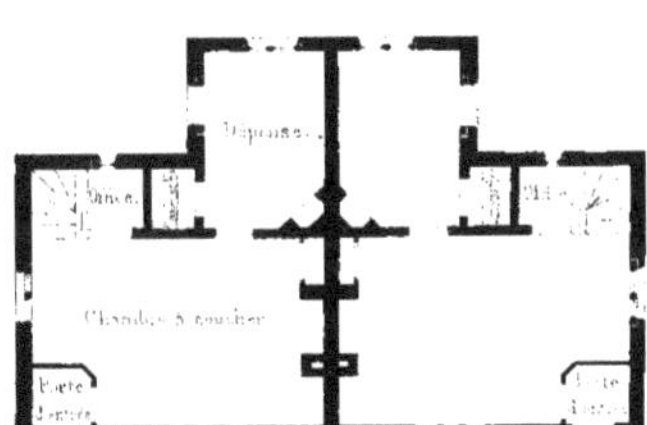

DOUBLES COTTAGES AVEC TROIS CHAMBRES A COUCHER.

ÉLÉVATION DE FACE.

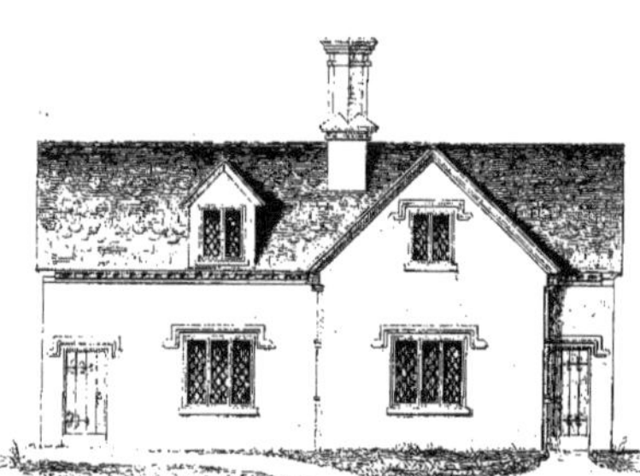

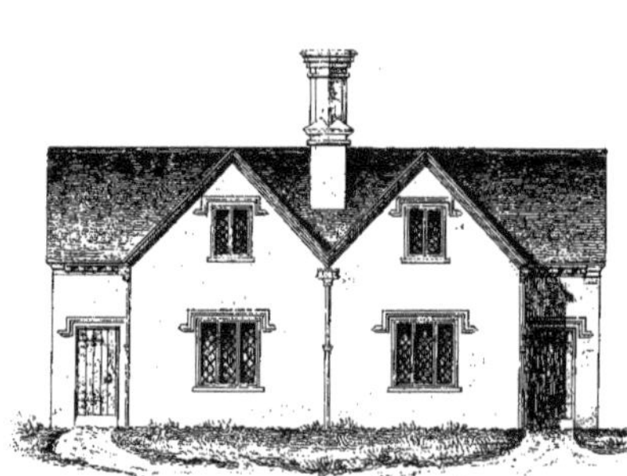

PLAN DE L'ÉTAGE SUPÉRIEUR.

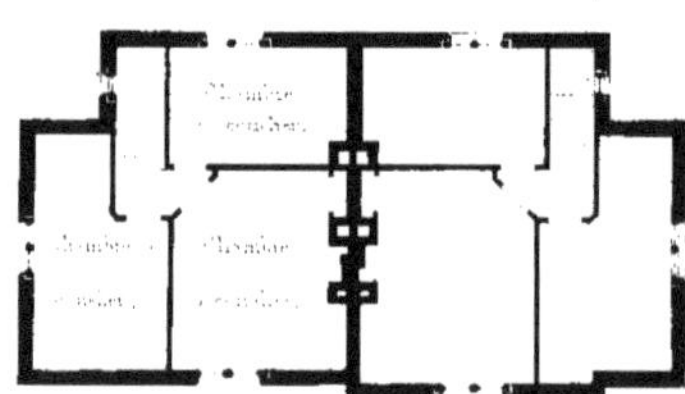

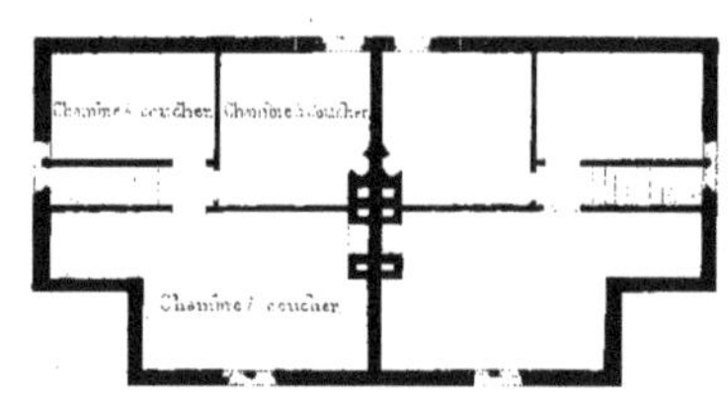

PLAN DU REZ DE CHAUSSÉE.

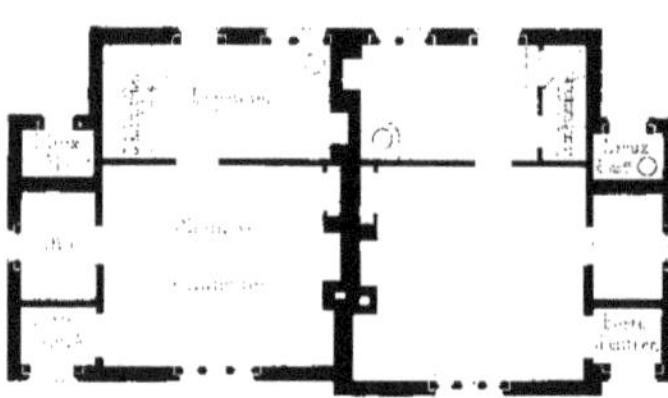

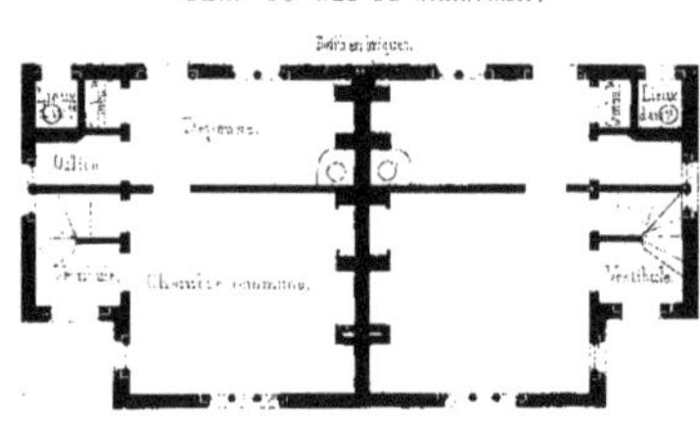

N°8 DOUBLES COTTAGES POUR DEUX FAMILLES CHAQUE.

ÉLÉVATION DE FACE

N°9 DOUBLES COTTAGES AVEC TROIS CHAMBRES À COUCHER, UNE
AU REZ-DE-CHAUSSÉE ET DEUX À L'ÉTAGE SUPÉRIEUR

ÉLÉVATION DE FACE

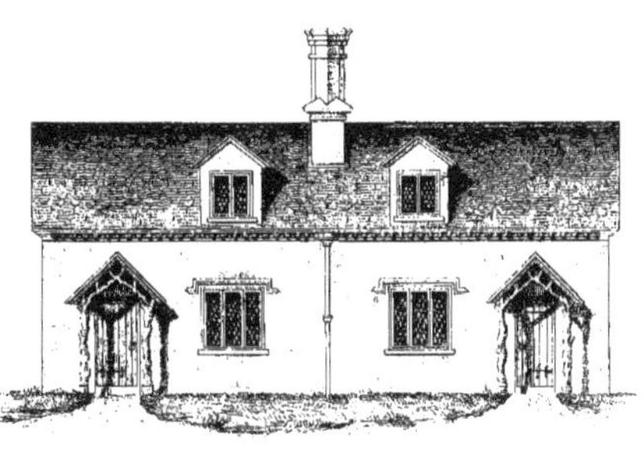

PLAN DE L'ÉTAGE SUPÉRIEUR.

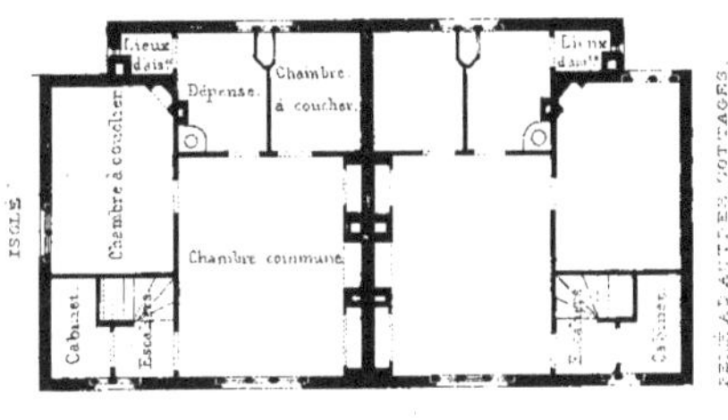

PLAN DE L'ÉTAGE SUPÉRIEUR.

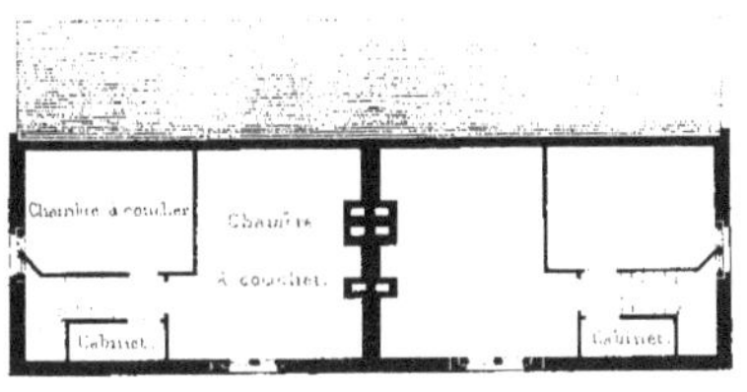

PLAN DU REZ DE CHAUSSÉE

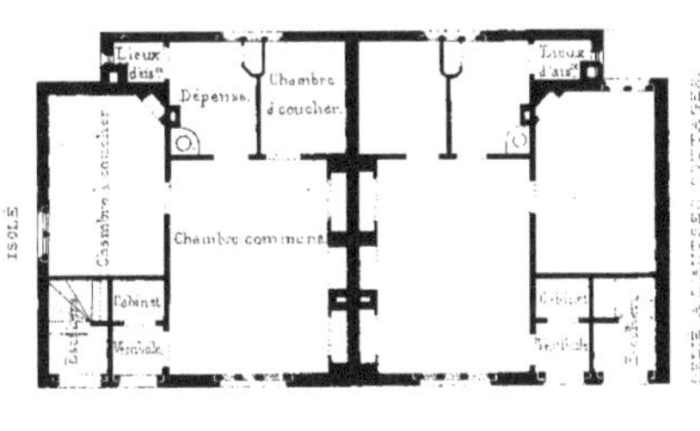

PLAN DU REZ DE CHAUSSÉE.

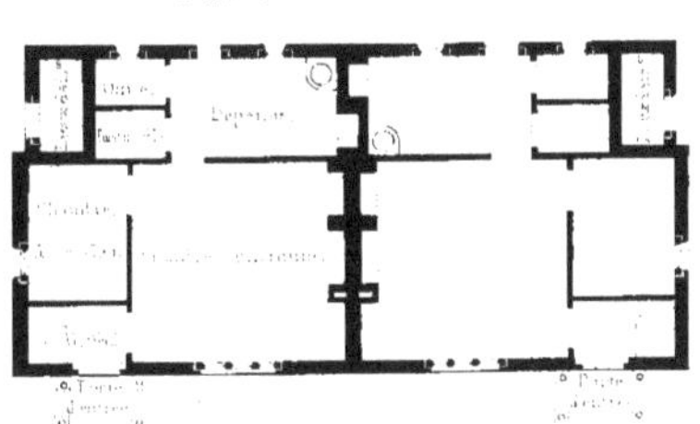

LE STYLE DE CETTE ÉLÉVATION EST APPLICABLE A PRESQUE TOUS LES PLANS QUI PRÉCÈDENT.

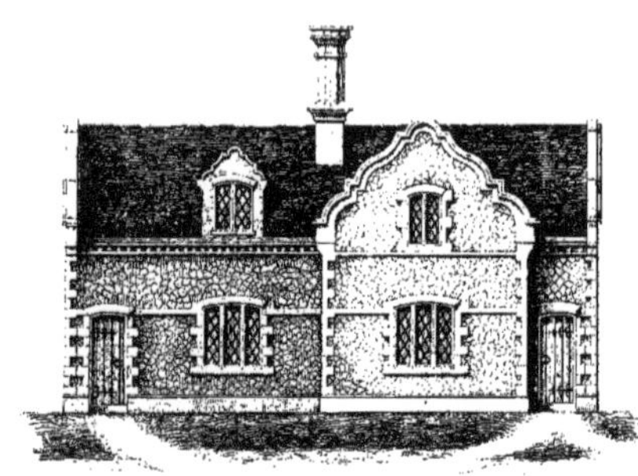

PLANS POUR DÉPENDANCES AVEC OU SANS PARCS A COCHONS.

ÉLÉVATION DE L'EXTRÉMITÉ INFÉRIEURE.   ÉLÉVATION DE COTÉ.

ÉLÉVATION DE FACE.

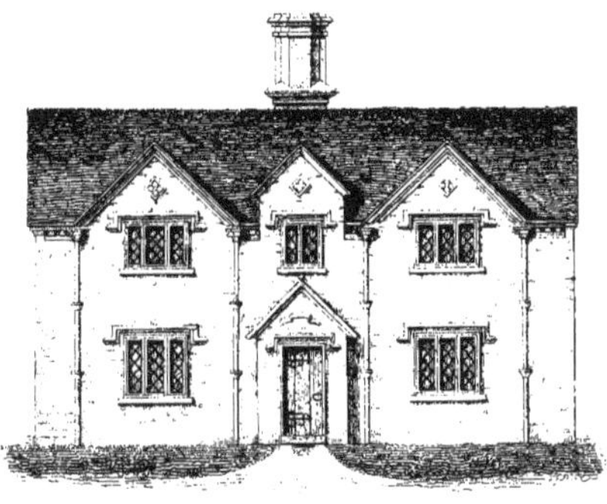

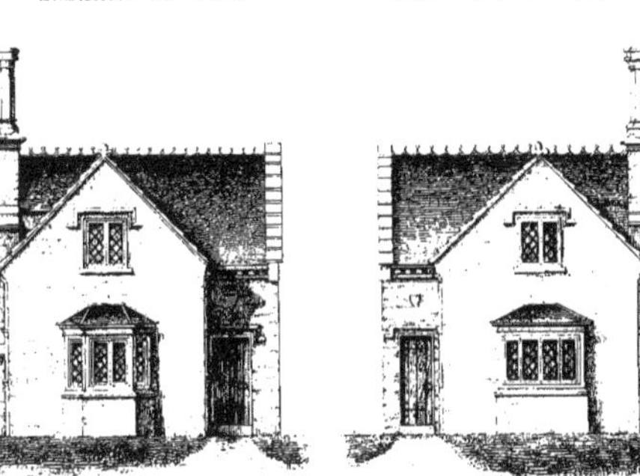

PLAN DU DORTOIR DE L'ÉTAGE SUPÉRIEUR.

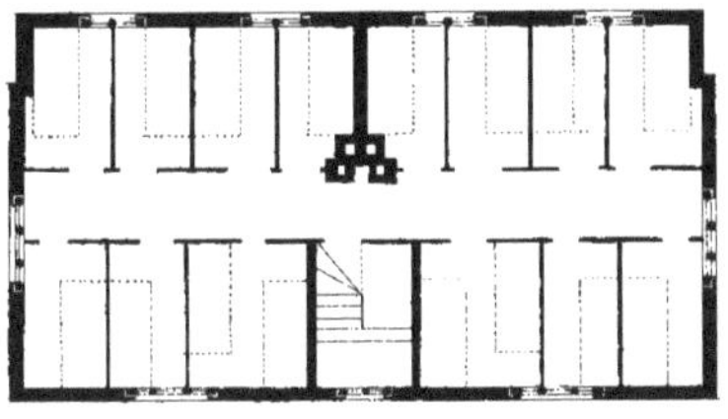

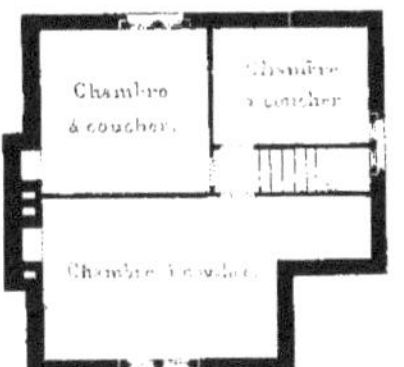

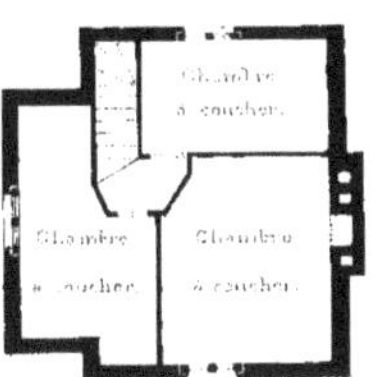

PLAN DU REZ DE CHAUSSÉE.

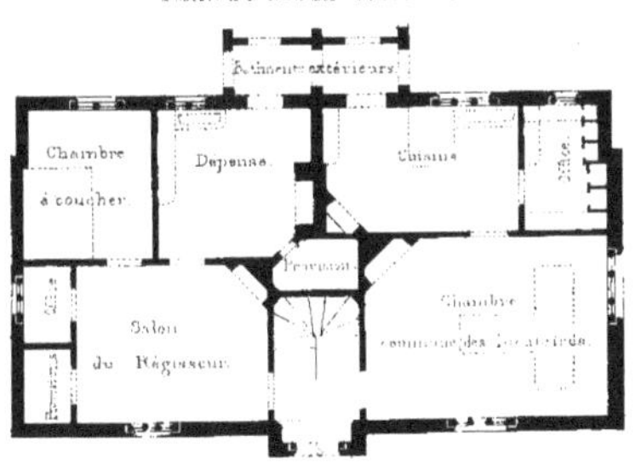

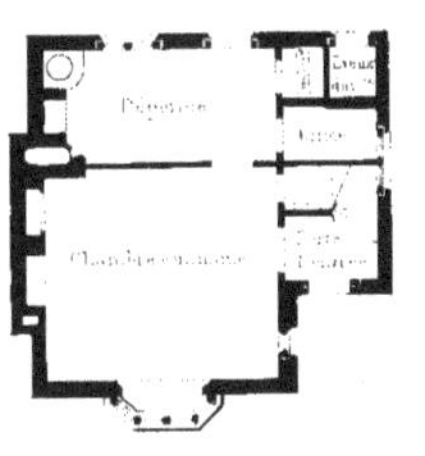

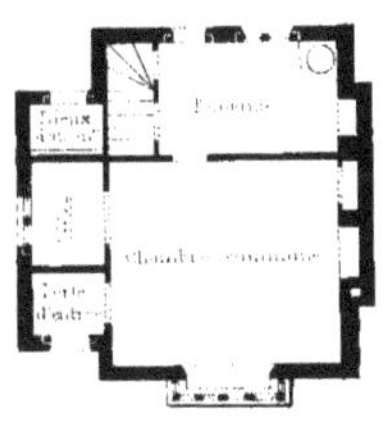